Kunst

Auf einen Blick!

Kunstgeschichte:
Mittelalter bis Barock

STARK

Bildnachweis

Umschlag (Farben-Reihe): © montiannoowong
S. 6: History and Art Collection / Alamy Stock Foto (Architektur), The Picture Art Collection / Alamy Stock Foto (Plastik)
S. 8: bpk / Bayerische Staatsbibliothek
S. 10: IMAGO / agefotostock (Architektur), Staatsbibliothek Bamberg Msc.Bibl.140, CC BY-SA 4.0 (Malerei), Azoor Photo / Alamy Stock Foto (Plastik)
S. 12: Bildarchiv Monheim GmbH / Alamy Stock Foto
S. 14: Foto: Kai Scherrer, CC0 1.0
S. 16: Foto: Hans Bernhard / wikipedia, CC BY-SA 3.0
S. 18: B.O'Kane / Alamy Stock Foto
S. 20: Foto: G. Garitan / wikipedia, CC BY-SA 4.0
S. 22: Foto: Johan Baker / wikipedia, CC BY-SA 3.0
S. 26: Angelo Hornak / Alamy Stock Foto
S. 28: incamerastock / Alamy Stock Foto
S. 30: Foto: Andonovan0 / wikipedia, CC BY-SA 3.0
S. 32: incamerastock / Alamy Stock Foto
S. 34: Foto: Livioandronico2013 / wikipedia, CC BY-SA 4.0
S. 36: Foto: Sailko / wikipedia, CC BY-SA 3.0
S. 38: habrda / 123rf
S. 42: Foto: Architas / wikipedia, CC BY-SA 4.0

www.stark-verlag.de

Inhalt

Was erwartet mich?

Die einzelnen **Epochen der Kunstgeschichte** werden im vorliegenden Heft als Überblick dargestellt. Damit die Merkmale der unterschiedlichen Epochen deutlich sichtbar werden und somit entsprechend verglichen werden können, liegt den Kapiteln immer eine ähnliche Struktur zugrunde.

- Jede Doppelseite beginnt mit einem **Schaubild**, das ein schnelles Erfassen des jeweiligen Themas ermöglicht und seine zentralen Inhalte veranschaulicht. In der Grafik zum zeitgeschichtlichen Hintergrund werden wichtige Kennzeichen der Epoche im Hinblick auf Weltbild, Gesellschaft und Kultur erfasst und deren Bedeutung für die Epoche kurz aufgezeigt. Die Abbildung eines Werkes aus der Zeit steht stellvertretend für die Fülle an möglichen Beispielen.
- Die Kapitel zum **zeitgeschichtlichen Hintergrund** haben folgende Struktur:
  - Im Abschnitt **Weltbild** wird die vorherrschende Sicht der Gesellschaft beleuchtet. Dabei werden auch religiöse und politische Sichtweisen skizziert.
  - Unter dem Stichwort **Gesellschaft** werden wichtige Ereignisse des politischen Lebens genannt, die Folgen daraus erwähnt und die Strukturen der Macht offengelegt. Außerdem wird der Platz des Einzelnen innerhalb der sozialen Ordnung thematisiert.
  - Der Begriff **Kultur** fasst die wesentlichen Merkmale der kulturellen Ausprägung der Epoche zusammen. Für das Verständnis der Kunst in der jeweiligen Epoche ist dieser Abschnitt von zentraler Bedeutung. Als bedeutender Teil der Kultur hat Kunst hier einen prägenden Einfluss.
- Die einzelnen Epochen sind jeweils untergliedert in die Kunstgattungen **Architektur**, **Malerei** und **Plastik**. Im Schaubild **Auf einen Blick** werden jeweils neben einem beispielhaften Werk stichwortartig die wichtigsten Stilmerkmale aufgeführt. Nachfolgend werden diese Merkmale im Text erläutert und mit Werkbeispielen belegt.
- Im **Glossar** am Ende des Hefts werden die wichtigsten Fachbegriffe, die für das Verständnis der Kunstgeschichte notwendig sind, kurz erklärt.

Was erwartet mich?

Epoche – ein nicht ganz einfacher Begriff

Der Begriff der „Epoche“ dient der **Unterteilung der Kunstgeschichte** in überschaubare Zeiträume und orientiert sich in der Abgrenzung zu anderen Epochen an **gemeinsamen Merkmalen** epochenspezifischer Werke. Daran wird deutlich, dass die Einteilung in Epochen dem Bedürfnis des Menschen nach Überschaubarkeit, Übersichtlichkeit und Gliederung entspricht. Durch eine genaue Betrachtung und Vergleiche können Unterschiede und Veränderungen in der Stilentwicklung einer Epoche sichtbar gemacht und Abgrenzungen zu anderen Epochen durchgeführt werden.

Allerdings sind diese **Grenzen oft fließend**, häufig laufen Stilentwicklungen einer Epoche **in verschiedenen Ländern ganz unterschiedlich** oder auch **zeitversetzt** ab. Somit lassen sich Epochen nur bedingt allgemeingültig darstellen. Spätestens ab der Renaissance tritt der autonome **Künstler als Persönlichkeit** auf und es entsteht ein dadurch geprägter Stil, welcher möglicherweise auch konträr zum Epochenbegriff stehen kann. Das Werk, in welchem sich diese Künstlerpersönlichkeit zunehmend zeigt, steht nun im Mittelpunkt der Betrachtung. Diese Vielschichtigkeit macht es schwer, den Epochenbegriff durchgängig streng aufrechtzuerhalten. Deshalb ändert sich die Struktur des Heftes in dieser Hinsicht, um dieser Entwicklung Rechnung zu tragen.

Autor: Raimund Ilg

Karolingische Kunst *ca. 740 bis 950*

Auf einen Blick

Weltbild

- Denken geprägt vom Glauben an ein jenseitiges Reich
- diesseitiges Leben als Bewährung für das Paradies
- gottgefälliges Handeln sichert Platz im Reich Gottes

Gesellschaft

- Einigungsprozess der fränkischen Völker
- Karl der Große als erster Kaiser des „erneuerten Römischen Reichs"
- Machtgewinn und Vorherrschaft der Kirche
- Zweiteilung der Gesellschaft in Herrschende und Beherrschte

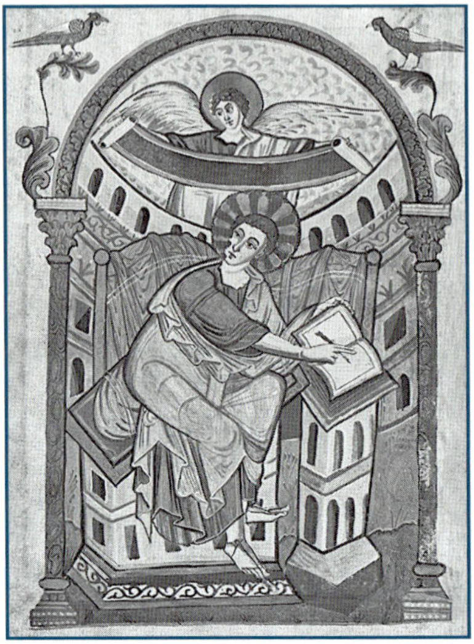

Ada-Evangeliar, Evangelist Matthäus, um 790

Kultur

- Verschmelzung der heidnisch-germanischen mit der christlichen Kultur
- fehlende Lese- und Schreibfähigkeit → Bevorzugung einer spezifischen Bildsprache
- Bildungsmonopol der Hof- und Klosterschulen
- Kunst im Dienst der Religion

Weltbild

- Auffassung, die **Ordnung der Welt** sei ein von Gott erdachtes und geschaffenes Ganzes → jeder hat darin ihm zugewiesenen Platz
- gottgewollte Unterteilung in eine **herrschende und eine dienende Schicht** → Menschen in dienender Schicht begreifen sich nicht als Individuen
- Denken geprägt vom **Glauben an ein überirdisches, jenseitiges Reich (Paradies)** → gottgefälliges Leben soll Gläubigen Platz im Jenseits sichern
- Alltag der Menschen weitgehend von religiösem Leben und Handeln bestimmt
- **Ausbreitung des Christentums** in Mitteleuropa als wesentliche Voraussetzung für die Entstehung einer **stark christlich beeinflussten Kunst**

Gesellschaft

- Leben der meist unfreien, niederen Schicht (Bauern) weitgehend von herrschender Schicht (Adel/Klerus) bestimmt
- zunehmende Bedeutung des **Kräftedreiecks König-Adel-Kirche**
- Machtzuwachs der Kirche durch **Christianisierung** → Folge: **Dualismus** (= Gegensätzlichkeit) von Kirche und weltlichem Herrscher
- **Einung des Frankenreichs** unter Pippin dem Mittleren (Ahnherr der Karolinger)
- **Bündnis mit dem Papsttum** unter Pippin dem Jüngeren → Übertragung des Königtums auf die Karolinger (751) durch den Papst
- weitere Ausdehnung des Frankenreichs durch Feldzüge **Karls des Großen** (747–814) → Kaiserkrönung Karls des Großen in Rom (800)
- **Ludwig der Fromme** wird Nachfolger Karls des Großen (814) → mehrere Erhebungen seiner drei Söhne (Lothar I., Ludwig der Deutsche, Karl der Kahle) gegen ihn, bekämpfen sich auch untereinander → **Dreiteilung des Frankenreichs** im **Vertrag von Verdun** (843) festgehalten
- Erlöschen von **Lothars Linie ohne Erben** → Aufteilung des Herrschaftsgebiets unter den beiden Brüdern Lothars II. (870): Ausgangspunkt für die Entstehung der Länder Frankreich (Westfranken) und Deutschland (Ostfranken)
- **Ende der Karolingerzeit:** 911 in Ostfranken und 987 in Westfranken

Kultur

- **Verschmelzung zweier Kulturen** (von der Antike beeinflusste, christliche Kultur mit heidnisch-germanischer Kultur) → Karl der Große versteht sich als „Kaiser eines erneuerten Römischen Reichs" und Anführer der geeinten germanisch-keltischen Stämme
- **kurze Blütezeit von Kunst und Wissenschaft** unter Karl dem Großen
- **karolingische Bildungsreform:** Pflege und Förderung der deutschen und lateinischen Sprache sowie der Schrift (karolingische Minuskel) an der Hofschule Karls des Großen und in den Klöstern (besitzen Bildungsmonopol)
- Karl der Große bezieht mit den „**Libri Carolini**" Stellung im **byzantinischen Bilderstreit** (= Debatte um die Frage, ob Heiligenbilder/Ikonen verehrt werden dürfen oder ob sie als Götzenbilder vernichtet werden müssen) → begrenzte Erlaubnis, Bilder zu verwenden → Grundlage für die Entwicklung einer christlichen Bildkunst
- Entwicklung einer spezifischen Bildsprache durch **Analphabetismus** (= fehlende Lese- und Schreibfähigkeit) in der Bevölkerung begünstigt
- **Kunst dient Ausbreitung der Religion** → Kirche als Hauptauftraggeber
- künstlerisches Schaffen wird in dieser Zeit als **Handwerk** verstanden und vorwiegend von Mönchen in Klosterwerkstätten ausgeübt (Maler, Bildhauer und Baumeister)
- wichtige **Schulen der karolingischen Buchmalerei:**
  - Hofschule Karls des Großen, auch „Ada-Gruppe" genannt (Blüte 800–814) → bedeutendste Schule
  - Palastschule (Entstehung Ende der 790er-Jahre)
  - Werkstatt von Tours (Blüte in den späten 840er-Jahren)
  - Schule von Metz (Blüte ab 840, nach 853 einziges künstlerisches Zentrum)
  - Schule von Saint-Denis/Hofschule Karls des Kahlen (Blüte um 870)

Karolingische Kunst *ca. 740 bis 950*

Auf einen Blick

Architektur

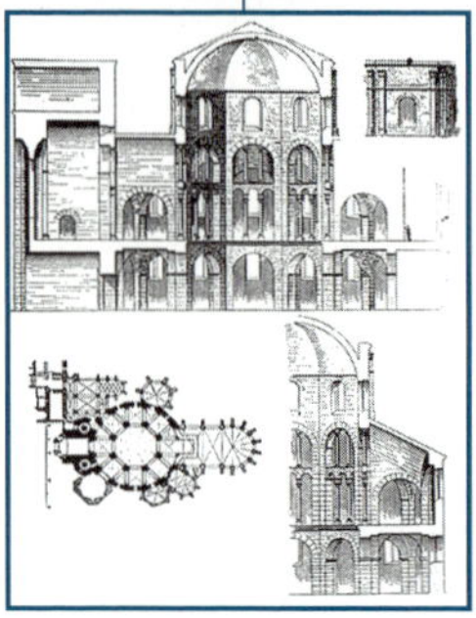

Aachener Pfalzkapelle, nach 786 erbaut

- Anknüpfung an Antike (Bauelemente, -typen, -materialien)
- Zentralbau nach byzantinischem Vorbild: doppelgeschossige Herrscherkapelle
- karolingische Basilika: frühchristliches Vorbild mit Neuerungen (Doppelchörigkeit, Krypta, Westwerk)

Malerei

- vorwiegend Buch- und Freskomalerei
- Buchillustration (Miniatur) in klösterlichen Schulen
- weitgehend Verzicht auf Illusion
- Schmuckformen germanisch-keltisch beeinflusst (Initialen, Ornamente)
- Einflüsse aus Spätantike: Evangelistenbilder, deutlicher Naturalismus
- thronender Christus wird Leitmotiv

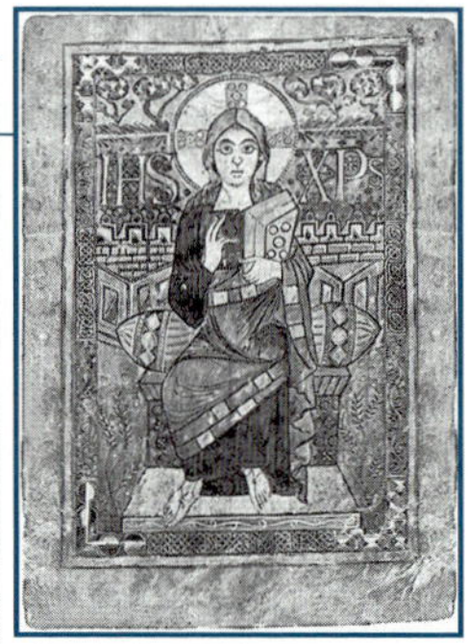

Godescalc-Evangelistar, Maiestas Domini, um 781

Plastik

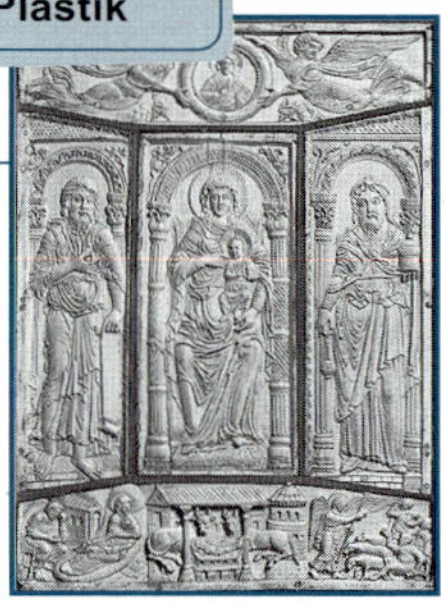

- meist Schmuck liturgischer Gegenstände und Kleinplastiken aus kostbaren Materialien
- Reliefs: Flachrelief, geprägt von „horror vacui"
- Bauplastik: Vermischung der germanischen/antiken Formensprache

Lorscher Evangeliar, um 810

Architektur

- **Formen der römischen Spätantike** werden bewusst zitiert („**Karolingische Renaissance**"):
  - Bauelemente: Säulen, Kapitelle, Tonnen- und Gratgewölbe
  - Bautypen: Zentralbau (= Teilräume/Hauptachsen gleichmäßig um einen zentralen Raum angeordnet), Basilika (= Langbau mit höherem Hauptschiff und niedrigeren Seitenschiffen)
  - Baumaterial: Wechsel vom Holz- (germanische Tradition) zum Steinbau (antikes Vorbild)
- bedeutender **karolingischer Zentralbau:** *Aachener Pfalzkapelle*, nach 786 erbaut
  - byzantinisches Vorbild, z. B. *San Vitale*, Ravenna (Italien), 537–547 → oktogonaler, doppelgeschossiger Zentralbau mit Westtürmen
  - **Herrscherkapelle** Karls des Großen repräsentiert seine Legitimität als Erbe des Röm. Reichs
- **karolingische Basilika** → Wiederaufgreifen des basilikalen Systems, richtungsweisend für spätere Epochen, spezifische Besonderheiten:
  - erste Ausbildung einer **Vierung** (= Raum, der durch das Zusammentreffen von Lang- und Querhaus entsteht), z. B. *Idealplan des Klosters St. Gallen*, um 820
  - **Westwerk** (= dem östlichen Chor entgegengesetzter mehrgeschossiger Bau) → vermutlich zur Betonung der weltlichen Herrschaft des Kaisers, z. B. *Abteikirche Corvey*, nach 873
  - **Doppelchörigkeit:** weiterer Chor (= Altarraum, häufig halbrund) im Westen, z. B. *Fulda II*, 791–819 → wichtig für ottonische und romanische Bauentwicklung
  - **Krypta** (= unterirdische Grablege), z. B. *Einhardsbasilika*, Steinbach (Odenwald), 827

Malerei

Karolingische Buchmalerei

- **Miniaturen** (von lat. „Minium“ → rotes Bleipigment, mit Eitempera auf Pergament gemalt) als Ausschmückung verschiedener Buchtypen: Evangeliar (= Texte der Evangelien), Perikopenbuch/ Evangelistar (= geordnete Textabschnitte für die Liturgie), Psalterium (= Sammlung biblischer Psalmen), z. B. *Godescalc-Evangelistar*, um 781 (älteste erhaltene karolingische Handschrift)
- weitgehender **Verzicht auf Nachahmung der Wirklichkeit** (Illusion)
- bevorzugte **Motive:** schreibende Evangelisten, Anbetung des Lammes, thronender Christus, Kanontafeln mit Arkadenrahmung
- unterschiedliche **Einflüsse und Formensprache je nach Entstehungsort:**
  - Hofschule Karls des Großen: Beeinflussung durch spätantike Autorenporträts → zunehmende Körperlichkeit und Einbindung von Architektur als Rahmung der Figuren, z. B. sog. *Ada-Evangeliar (oder: Soissons-Evangeliar)*, 790–810
  - Palastschule: vermutlich byzantinischer Einfluss → naturalistische Landschaftsdarstellung, z. B. *Wiener Krönungsevangeliar*, um 800
  - Werkstatt von Tours: geometrischer Bildaufbau, z. B. *Vivian-Bibel*, 845/846
  - Schule von Metz: germanisch-keltische Einflüsse → **Initialen** (= Anfangsbuchstabe eines Kapitels) mit ornamentartigen Bändern, pflanzliche Schmuckformen und Tierwesen, z. B. *Drogo-Sakramentar*, 850–855
  - Schule von Saint-Denis/Hofschule Karls des Kahlen: Synthese der karolingischen Werkstätten, reiche Ausstattung, z. B. *Codex Aureus von St. Emmeram*, um 870

Karolingische Freskomalerei

- umfangreiche Bildprogramme in den Kirchen, aber nur wenige Fresken erhalten
- **thronender Christus** („Maiestas Domini“) wird zum prägenden **Leitmotiv** (Bedeutungsmaßstab, Gesten, vorzugsweise in Rottönen gehalten), z. B. *St. Johann*, Müstair, um 800
- **Dominanz der Kontur und Binnenlinie** in den Bildererzählungen, z. B. *Flucht des Paulus aus Damaskus*, St. Prokulus, Naturns (Südtirol), 9. Jhd.

Plastik

- Raumauffassung in den Reliefdarstellungen geprägt durch „**Horror vacui**“ (= Scheu vor der Leere)
- Verwendung **kostbarer Materialien** (Gold, Silber, Edelsteine, Elfenbein) zur Darstellung des himmlischen Jenseits, nicht des irdischen Reichtums
- weitgehende Beschränkung auf **Kleinplastiken** und plastische Ausschmückung:
  - umfangreicher Bestand **liturgischer Gebrauchsgegenstände** (Reliquienschreine, Kelche, Buchdeckel), z. B. *Lorscher Evangeliar*, um 810: **Flachrelief**, architektonische Elemente (z. B. Säulen) als Rahmen für die Darstellung, strikte Frontalität der Figuren; *Psalter Karls des Kahlen*, 842–869: größere Plastizität und Räumlichkeit bei den Figuren; *Codex Aureus von St. Emmeram*, um 870: Darstellung von szenisch handelnden Relieffiguren
  - *Reiterstatuette*, Bronze, um 870: vermutlich Abbildung Karls des Großen → erste freistehende Plastik des Frühmittelalters
- **wenige Großplastiken** erhalten, z. B. *Steinskulptur Karls des Großen*, St. Johann, Müstair, um 800

Ottonische Kunst *ca. 950 bis 1050*

Auf einen Blick

Weltbild

- Glaube an gottgewollten Plan in der Schöpfung als Grundlage für die soziale Ordnung
- Auffassung: Schicksal von Gott bestimmt → Hoffnung auf besseres Leben im Jenseits
- Leben ist geprägt von Einhaltung christlicher Werte

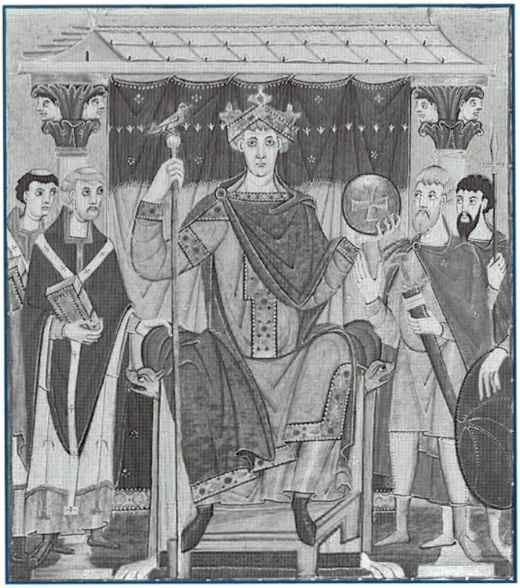

Evangeliar Ottos III., Herrscherbild, um 1000

Gesellschaft

- Feudalismus als prägende Gesellschaftsform
- Aufstieg und Fall der Ottonen als Herrscher des Heiligen Römischen Reichs

Kultur

- Wiederaufgreifen spätantiker und frühchristlicher Vorbilder („ottonische Renaissance", Basilika als Leitarchitektur)
- kultureller Einfluss durch Byzanz (Stilisierung, Goldgrund)
- Klöster und Domschulen als wichtige Träger der Kunst (Goldschmiedehandwerk, Schreibschulen)

Weltbild

- wachsende Durchsetzung des **Christentums als allgemeingültiger Glaube:** alle Lebensbereiche geprägt von Einhaltung christlicher Werte (Gottesfürchtigkeit, Demut, Barmherzigkeit)
- weiterhin bestehende Auffassung: herrschende **Lebensumstände als gottgegebenes Schicksal** → einziger Trost: Hoffnung auf ein paradiesisches Weiterleben im Jenseits nach dem Tod
- bildliche Darstellung der Folgen eines nicht gottgefälligen Lebens in der Kunst durch das Szenario des **Jüngsten Gerichts**
- zunehmende **Verehrung von Heiligen:** Heilige als Beschützer im Leben und Fürsprecher vor Gott

Gesellschaft

- **Feudalismus** mit Lehnswesen wird zur prägenden Gesellschaftsform der Zeit → drei Stände:
  - **Adel** (König an der Spitze, untergebene Vasallen)
  - **Klerus** (Papst an der Spitze, untergebene Bischöfe und Äbte)
  - **Bauern** (meist unterprivilegiert, Unterscheidung nach Freie, Hörige und Leibeigene)
- Sieg **Ottos I.** über die Ungarn in der Schlacht auf dem Lechfeld (955) → Krönung zum **Kaiser des Heiligen Römischen Reichs** (962) durch den Papst (= Beginn der Herrschaft der Ottonen) → Verpflichtung zur **Schutzherrschaft** für Papsttum und Kirche
- **Otto II.** ab 967 mitregierender Kaiser, **Ehe mit Theophanu** (Nichte des byzantinischen Kaisers), Übernahme der alleinigen Herrschaft (973) nach Tod des Vaters, Ende des Italienfeldzugs nach schwerer Niederlage gegen Sarazenen (982)
- Beginn der Regierungszeit des dreijährigen **Otto III.** (983), aber Verwaltung des Reichs bis zu seiner Mündigkeit (991) durch seine Mutter Theophanu → Tod des **kinderlosen** Kaisers mit 21 Jahren
- **Heinrich II.** aus der bayerischen Linie der Ottonen wird **Nachfolger** (1014 Kaiserkrönung) → 1024: Erlöschen der **Dynastie der Ottonen** mit seinem Tod

Kultur

- **„ottonische Renaissance“:** Wiederaufgreifen **spätantiker Bildtraditionen** → später Weiterentwicklung und Ausbildung einer eigenständigen Formensprache
- **byzantinischer Einfluss** auf die ottonische Kunst durch die **Ehe von Otto II. mit Theophanu**, z. B. Verwendung von Gold als Bildgrund; schlichte, stilisierende Bildsprache
- Entwicklung von **Klöstern und Domschulen** zu bedeutenden **regionalen Zentren der Kunst** → Verbreitung der gestalterischen Ideen durch regen Austausch
- wichtige **Zentren ottonischer Kunst:**
  - Buchmalerei: Kloster Reichenau, z. B. *Liuthar-Evangeliar*; Köln, z. B. *Hitda-Evangeliar*; Echternach, z. B. *Codex Aureus von Echternach*; Fulda, z. B. *Codex Wittekindeus*; Regensburg, z. B. *Uta-Evangeliar*
  - Wandmalerei: Reichenau, z. B. *Fresken in St. Georg*
  - Plastik/Goldschmiedekunst: Hildesheim, z. B. *Bernwardstüren*; Essen, z. B. *Goldene Madonna*; Köln, z. B. *Gerokreuz*
- gewaltiger **Aufschwung der Bautätigkeit** unter der Herrschaft der Ottonen, insbesondere unter Otto I.: hauptsächlich **Kloster- und Kirchenbau** in den Bischofsstädten, im sächsischen Stammland und am Unterrhein
- 967: Entstehung der **„Sachsengeschichte“** („res gestae Saxonicae“) des Mönchs **Widukind von Corvey** (um 933/35–973) → mittelalterliches Interesse an der Dokumentation der eigenen Vergangenheit

Ottonische Kunst *ca. 950 bis 1050*

Auf einen Blick

Architektur

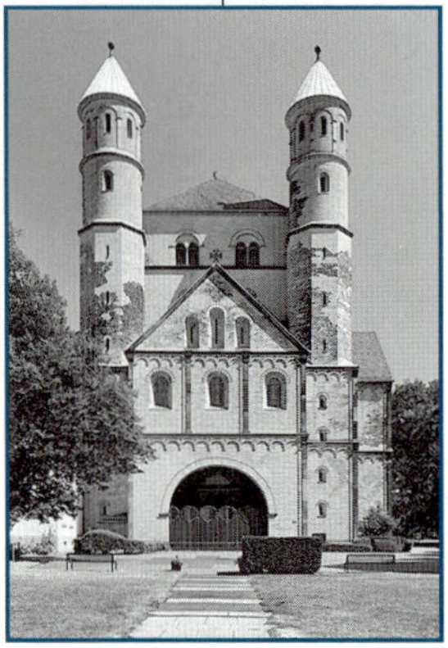

St. Pantaleon, Köln, 956-980

- Weiterentwicklung der Basilika: dreischiffiger, kreuzförmiger Bau
- festgelegte Proportionen („gebundenes System")
- Stützenwechsel zur Rhythmisierung und Auflockerung der Langhauswände

Malerei

- Blüte der Buchmalerei
- Weiterentwicklung karolingischer und byzantinischer Vorbilder
- eigenständige Formensprache:
  - Betonung der Gebärde
  - Stilisierung der Form
  - Fläche statt Räumlichkeit
  - starke Konturierung
  - Symbolfarben, z.B. Goldgrund

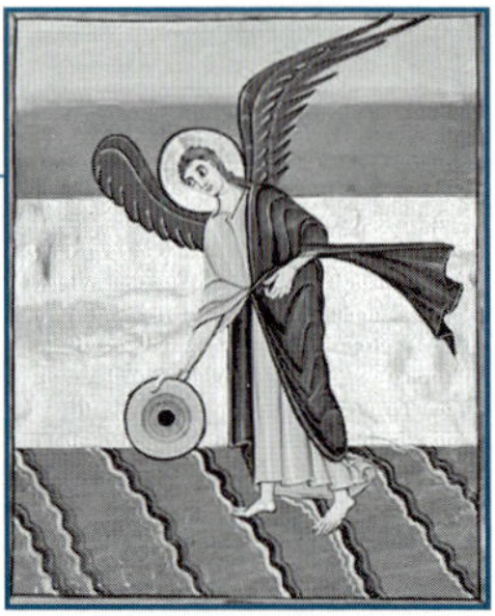

Bamberger Apokalypse, Der Engel mit dem Mühlstein, um 1010

Plastik

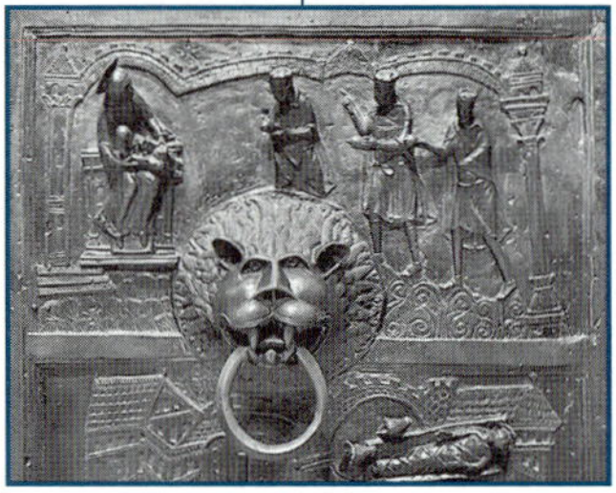

Bernwardstüren (Detail), St. Michael, Hildesheim, um 1000

- Großplastiken aus Holz, Bronze und Stein
- Stilisierung der Figuren und Gegenstände zur Steigerung der Ausdruckskraft
- Gebärde als Ausdrucksträger
- plastische Reliefs mit erzählerischen Motiven
- bevorzugte Materialien: Gold, Elfenbein, Bronze

Architektur

- prägende Bauform: **kreuzförmige, dreischiffige Basilika** → Idealtypus: Westwerk, jeweils zwei Querschiffe, Chöre und ausgeschiedene Vierungen mit Türmen
- Anknüpfung an **karolingische Vorbilder:**
  - Westwerk, z. B. *St. Pantaleon*, Köln, 956–980 → mit gliedernden Elementen: Gesimse, Pilaster und Rundbogenfries (= vorgeblendeter, reliefartiger Pfeiler bzw. Streifen aus Rundbögen)
  - Doppelchoranlage, z. B. *St. Michael*, Hildesheim, 1007–1033 → ersetzt später das Westwerk
  - Krypta (= unterirdische gewölbte Grabanlage) unter dem Chorraum
- **Weiterentwicklung** unter Einbindung **byzantinischer Einflüsse:**
  - Außengestalt oft geprägt durch Gleichgewicht zwischen östlichen und westlichen Baukörpern: Apsis (= meist halbrunder Raumabschluss) und Querhaus ↔ Westchor und Querhaus; ausgewogene Anordnung der Vierungs- und Flankentürme → **festungsartige Erscheinung**
  - **Formenvielfalt** im Außenbau: wechselnde Turmquerschnitte (Quadrat – Achteck – Kreis), z. B. *St. Pantaleon*, Köln, 956–980

- **gebundenes System** mit **ausgeschiedener Vierung** (= durch Pfeiler und Bögen abgegrenzt): Vierungsquadrat bestimmt Maß und Proportion des Grundrisses
- **Stützenwechsel** (Pfeiler/Säule): sächsischer Stützenwechsel (S, S, P), z. B. *St. Michael*, Hildesheim, 1007–1033; rheinischer Stützenwechsel (S, P, S, P), z. B. *St. Cyriakus*, Gernrode, um 961
- **Würfelkapitell** (= Würfel mit abgerundeten Kanten als Überleitung zur zylindrischen Säule)

Malerei

- Entstehung verschiedener **Zentren der Buchmalerei:** Reichenau, Trier, Corvey, Fulda
- **Kloster Reichenau** als eine der **bedeutendsten Schulen:** wichtige Werke, z. B. *Liuthar-Evangeliar*, um 990; *Evangeliar Ottos III.*, um 1000; *Perikopenbuch Heinrichs II.*, um 1007
- Werke z. T. einzelnen **anonymen Malern** zuordenbar, z. B. *Gero-Codex*, 969
- bevorzugtes **Thema: Leben und Wirken Jesu**, z. B. *Hitda-Evangeliar*, um 1020
- **Anknüpfung** an karolingische Vorbilder, z. B. geometrische Bildordnung, ornamental gerahmte Bildfelder, Motive (Evangelisten- und Herrscherbild, thronender Christus „**Maiestas Domini**")
- **eigene Bildsprache** unter Einbindung **byzantinischer Einflüsse:**
  - Betonung der **Symmetrie:** symmetrische Anordnung der Gestaltungselemente
  - Bevorzugung der **Fläche statt Räumlichkeit:** streifiger Hintergrund („Schichtenraum"), z. B. *Bamberger Apokalypse*, um 1010
  - Reduzierung der Formenvielfalt auf eine klare **stilisierende Formgebung**
  - Hervorhebung der Einzelform durch kräftige **Konturierung** und Stärkung der Flächenwirkung
  - **Symbolfarbe:** Verzicht auf naturalistische Illusion, stattdessen Farbe als Träger einer symbolischen Bedeutung, z. B. **Goldgrund:** Darstellung des Überirdischen durch Entrückung in eine unwirkliche Raumsituation, z. B. *Liuthar-Evangeliar*, um 990
  - **Gebärdefiguren:** ausdrucksstarke Gebärdensprache wichtiger als anatomische Richtigkeit, z. B. *Fußwaschung*, Evangeliar Ottos III., um 1000
  - **Bedeutungsmaßstab:** Darstellungsgröße zeigt Bedeutung der Figuren, z. B. *Gero-Codex*, 969
- **Wandmalerei:** ähnliche Gestaltungsprinzipien wie bei der Buchmalerei, nur wenige Beispiele in den Kirchen erhalten, z. B. *Fresken in der St. Georgkirche*, Reichenau, um 900

Plastik

- **Steigerung der Dimensionen:** Entstehung von **Großplastiken** aus Holz und Bronze, z. B. *Gerokreuz*, Köln, um 970, Eichenholz (lebensgroße Freiplastik)
- Abweichen von der Naturnähe zugunsten der **Ausdruckskraft**, z. B.:
  - *Goldene Madonna*, Essen, um 1000, Holzkern und Goldblech: älteste Freiplastik der Gottesmutter, **Distanz und überirdische Wirkung** durch vollständige Vergoldung
  - *Bernwardstüren*, St. Michael, Hildesheim, um 1000, Bronze: Türflügel in einem Stück gegossen (472 cm × 115 cm), übersichtliche Anordnung der Figuren, **teilweise vollplastisch** (Köpfe), **Gebärde als Ausdrucksmittel** → typisch für ottonisches Relief
  - *Bernwardsäule*, St. Michael, Hildesheim, um 1020, Bronze: vermutlich von römischen Siegessäulen (Trajan) inspiriert, schraubenförmig angelegte Reliefbilder vom Wirken Christi
- plastisch vielfältige Werke der **Goldschmiede- und Elfenbeinschnitzkunst**, z. B. Buchdeckel des *Codex Aureus von Echternach*, um 983; *Basler Antependium* (= Altarverkleidung), um 1020
- vermehrtes Auftreten von **Bauplastik** in Form von **Verzierungen der Säulenkapitelle:** stilisiertes antikes Laubwerk, germanisches Flechtwerk, z. B. *St. Cyriakus*, Gernrode, um 961

Romanik *ca. 1000 bis 1250*

Auf einen Blick

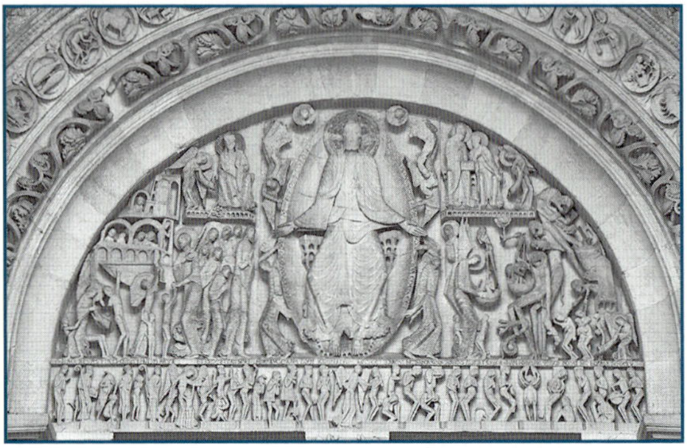

Jüngstes Gericht, St. Lazare, Autun, von Meister Gislebertus, um 1140

Weltbild

- geozentrisches Weltbild: Jerusalem als Mittelpunkt des Universums
- Zweischwerterlehre
- Jüngstes Gericht als Rechenschaft vor Gott

Gesellschaft

- Feudalgesellschaft mit strenger Gliederung in drei Stände (Klerus, Adel, Bauern)
- Investiturstreit: Kaiser ringt mit Papst um die Vorherrschaft
- Aufstieg der Salier und Staufer
- Kreuzzüge ins „Heilige Land"

Kultur

- Blütezeit des Rittertums: ritterliche Tugenden und Minnedienst als Ideale
- Klöster: Bewahrer der Kultur, Entwicklung der Bildung
- Entstehung erster Universitäten in Europa
- Blütezeit der höfischen Dichtung (Minnesang, Heldenepos)

Weltbild

- **geozentrisches Weltbild** (stammt aus Antike) im Einklang mit der Schöpfungsgeschichte: Erde als Zentrum des Universums, Himmel als kristallene Sphäre mit festgelegten Bahnen der Gestirne, Jerusalem als Mittelpunkt der Welt
- **Zweischwerterlehre:** Vorstellung, dass sich die **Macht Gottes** in der **irdischen Herrschaft** (Kaiser/Papst) widerspiegelt
- weiterhin Glaube an fest **zugewiesenen Platz des Menschen in der göttlichen Ordnung**
- prägende Lebensauffassung: nur gottgefälliges Leben gewährleistet Weiterleben im Reich Gottes (Paradies)
- verstärkter Glaube, dass am Ende der Welt (Jüngstes Gericht) alle Menschen auferstehen → **Weltenrichter Christus** bestimmt Ort des Weiterlebens (Paradies/Hölle)

Gesellschaft

- weiterhin ständisch gegliederte Gesellschaft **(Feudalismus)**
- **Aufstieg** des Herrschergeschlechts **der Salier:** Konrad II. wird König des ostfränkischen Reichs, Italiens und Burgunds, 1027 Krönung zum römisch-deutschen Kaiser → Nachfolger: Heinrich III. und Heinrich IV.
- **Investiturstreit** als Machtkampf zwischen Kaiser (weltliche Macht) und Papst (geistliche Macht): Streit um das alleinige Recht, Bischöfe zu ernennen (Investitur) → Bündnis zwischen Heinrich IV. und den deutschen Bischöfen gegen den Papst → Ende des Investiturstreits erst unter Heinrich V. (Verzicht des Kaisers auf geistliche Investitur)
- **Ende der salischen Dynastie:** Heinrich V. stirbt 1125 kinderlos
- **Aufstieg** des Herrschergeschlechts **der Staufer:** Wahl des Staufers Konrad III. zum König (1138), aber: Verhinderung einer Reise nach Rom und damit seiner Kaiserkrönung durch Konflikt mit den Welfen → Regentschaft als Kaiser ohne Krönung durch den Papst
- Wahl Friedrichs I., genannt Barbarossa, zum König (1152) → Krönung zum Kaiser (1155) → Steigerung des Konflikts mit dem Papst unter seiner Herrschaft
- **Kreuzzüge ins „Heilige Land"**, um Jerusalem unter christliche Herrschaft zu bringen

Kultur

- Blütezeit des **Rittertums: ritterliche Tugenden** (Treue, Verlässlichkeit, Großzügigkeit, Anstand) und **Minnedienst** (= Verehrung einer unerreichbaren adligen Dame) als Ideale → Blütezeit der **höfischen Dichtung**
- **Teilnahme an Kreuzzügen** als Kreuzritter → Auseinandersetzung mit der arabischen Kultur
- **Cluniazensische Reform** (Frankreich): gegen Verweltlichung der Kirche, für Rückbesinnung auf ursprüngliche christliche Ideale wie Einfachheit und Demut → Auswirkungen auch in Deutschland: strenge Schlichtheit im Innenraum von Klosterkirchen (keine Prachtentfaltung)
- Bewahrung der **Kultur der Vergangenheit** durch die Arbeit der **Klöster** (Kopieren, Überliefern): Sammlung von Kenntnissen in Pflanzenzucht und Landwirtschaft
- Entwicklung erster **Universitäten** aus den Kloster- und Domschulen in Europa (Bologna 1088, Paris 1257) → Universitäten als **„alma mater"** („nährende Mutter") des Wissens
- durch römisch-deutsche Herrscher enger Kontakt zu Rom → Beeinflussung der Kunst durch römische Architekturrelikte (Rundbogen, Arkade, Säule, Gewölbe) → **Epochenbegriff „Romanik"** (im 19. Jhd. gebildet)
- Trägerkreis der Kunst weiter als zuvor → **internationaler Stil mit regionalen Unterschieden**
- Glaube und lateinische Sprache als internationale Verbindungselemente (romanisches Europa), aber **Blüte der Kunst** nicht im romanischen Sprachbereich, sondern **in Mitteleuropa** → „Salische Kunst", „Staufische Kunst"
- Epochengrenzen nicht eindeutig festlegbar: Ablösung der romanischen Architektur durch die Gotik in Frankreich ab ca. 1130, aber: nördlich der Alpen sowie in Spanien und Italien erst im 13. Jhd.
- Kunst weiterhin überwiegend im Dienst der Kirche
- erstmals Auftauchen von Namen einzelner Künstler, z. B. Meister Gislebertus (Frankreich)

Auf einen Blick

Architektur der Romanik

- kirchliche Baukunst steht im Mittelpunkt
- Weiterentwicklung der Basilika:
  - festungsartige, massive Erscheinung der Bauwerke
  - additive Gruppierung der Baukörper
  - Bevorzugung geometrischer Grundformen
  - im Gesamtbau eingebundene Außentürme
  - Entwicklung zur Zweiturmfassade
- typische Bauelemente: Halbkreisbogen (Arkade), Pfeiler, Säule, Kapitell, Kreuzgratgewölbe, Lisene, Fries

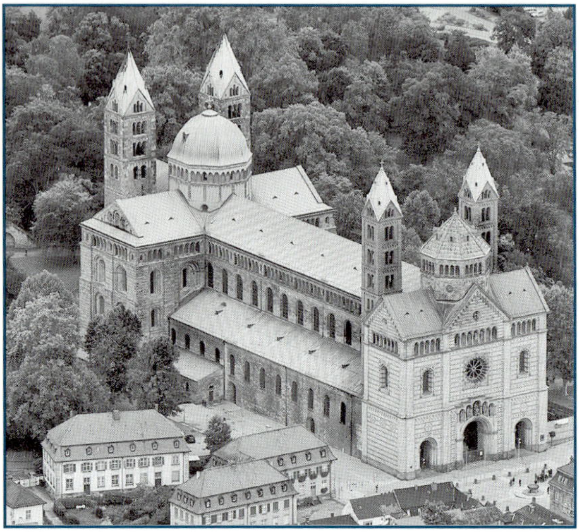

Dom zu Speyer, um 1030 beg.

Frühromanik (ca. 1000–1050)

- **Deutschland und Frankreich als Zentren** der Entwicklung der romanischen Baukunst
- wuchtige, **wehrhaft erscheinende Mauern** → Bauwerke wirken wie Burgen
- in **Deutschland** Anknüpfung an die ottonische Architektur: gleichmäßige Akzentuierung von Ost- und Westseite, Vieltürmigkeit, flache Holzdecke (bemalt), Würfelkapitell, Hallenkrypta
- Neuerungen:
  - **Baukastensystem:** geometrische Formen als Baukörper (Quader, Pyramide, Zylinder, Kegel) additiv zusammengesetzt → gut nachvollziehbar gegliedert
  - **typische Bauelemente:** Halbkreisbogen (Arkade), Säule, Pfeiler, Würfelkapitell, Fries (= ornamentales Band), Lisene (= vertikale, reliefartige Wandverstärkung), z. B. *Speyer I*, um 1030 beg.
  - höheres Mittelschiff, **Vergrößerung des Chorraums** wegen Aufstellung von Reliquienschreinen hinter dem Hochaltar
- nur in **Deutschland:**
  - „**gebundenes System**“ und „**ausgeschiedene Vierung**“ führend
  - Weiterentwicklung der Krypta zur hallenartigen Unterkirche, z. B. *Speyer I*, um 1030 beg.
- **Kloster Cluny II**, um 954–981, **als Vorbild** für viele Klosterkirchen → Auswirkungen auf **deutsche Reformarchitektur:** strenge Schlichtheit im Innenraum, langgestreckte Kirchenräume mit nur einem Chor, ohne Krypta und Vierungstürme, Pfeiler durch Säulen abgelöst, z. B. *St. Peter und Paul*, Hirsau, um 1082

Hochromanik (ca. 1050–1150)

- klare, konstruiert wirkende Gliederung der Baukörper
- **Deutschland:** gleichwertige Baugruppen im Ost- und Westteil (Westbau, Chorflankentürme) → neu: Doppelchor
- **Frankreich:**
  - Betonung des Ostteils durch einen **Staffelchor** (= mittlerer Hauptchor wird durch kleiner werdende Nebenchöre flankiert) oder einen **Umgangschor** bei Pilgerkirchen, z. B. *St. Serin*, Toulouse, um 1080; *Cluny III*, ab 1089
  - Entwicklung der **Zweiturmfassade** (Westen), z. B. *St. Etienne*, Caen, 1060 beg. → Vorstufe der Gotik
- **plastische Durchgestaltung** und Auflockerung der wuchtigen Mauermassen durch differenzierte, **mehrschichtige Gliederung:**
  - im Innenraum durch Galerien, Laufgänge, Emporen
  - im Außenbau durch Blendbögen, Lisenen, Rundbogenfriese, Gurtgesimse (= gurtartige, horizontale Gesimse), Zwerggalerien
- monumentale **Einwölbung** des Kirchenhochschiffs, z. B. in Frankreich mit **Kreuzrippengewölbe**, *St. Etienne*, Caen, um 1120/25, und in Deutschland mit **Kreuzgratgewölbe**, erstmals *Speyer II*, 1087–1106
- Aufteilung des Kirchenraums durch **Wölbungseinheiten**
- Beherrschung der Schubkräfte der Gewölbemasse durch verschiedene Lösungen, z. B. Auffangen des Schubs durch große Mauerstärke oder Ableiten der Kräfte nach unten durch Strebepfeiler
- **Verstärkung der Pfeiler:** Gurtbögen von Diensten (= vorgeblendete Halbsäulen) getragen → Stabilisierung des Gewölbes, z. B. *Speyer II*, 1087–1106
- **Betonung der Vierung** durch einen Turm, z. B. *Kaiserdom von Worms*, um 1120/30 beg.
- zunehmende **Bedeutung des Bauschmucks:** Portalfiguren, Tympanonrelief (= Relief auf der Schmuckfläche im Bogenfeld von Eingangsportalen), Kapitellschmuck, Gewändefiguren
- Weiterentwicklung des Laibungsportals (= schlichte, rechtwinklig in die Mauer führende Laibung) zum schräg geschnittenen **Gewändeportal** (= stufig abgesetzt, mit Ziersäulen geschmückt), z. B. *St. Jakob*, Regensburg, um 1180

Spätromanik (ca. 1150–1250)

- erste Verwendung des **Spitzbogens**, z. B. *Limburger Dom*, um 1230 → Übergang zur Gotik
- Weiterentwicklung der Chorschranke zum Lettner als Trennung der Laien vom Klerus, z. B. *Kloster Maulbronn*, ab 1147
- **Reduzierung der Baumasse** → Entwicklung zur Gotik
  - Öffnung der Hochschiffsmauer durch Arkaden im Erdgeschoss, Triforien (= Laufgänge mit dreiteiliger Arkade) in der Empore (→ Zweischaligkeit der Mauer) und Lichtgaden (= Fensterreihen), z. B. *Kathedrale von Sens*, um 1145
  - Apsis durch Zwerggalerien und Blendarkaden gegliedert, z. B. *Speyer II*, 1087–1106
- Verwendung von **Blendgalerien** mit Rundbögen zwischen Arkaden und Fensterzone, z. B. *St. Lazare*, Autun, um 1140 → Vorform des gotischen Triforiums
- zunehmende Betonung der **Vertikalen**, z. B. durch Pilaster, Rippen, Halbrundsäulen
- **Kreuzrippengewölbe** auch in den Seitenschiffen, z. B. *St. Étienne*, Beauvais, um 1150

Auf einen Blick

Malerei der Romanik

- Buchmalerei: belehrende Bildreihen mit biblischen Inhalten, reich geschmückte Initialen
- Weiterentwicklung der ottonischen Buchmalerei
- Verzicht auf Naturalismus:
  - Bedeutungsgröße und Stilisierung der Figuren
  - Symbolfarben: Goldgrund als Zeichen des Überirdischen
  - Betonung der Umrisslinie (Kontur)
  - Tendenz zur ornamentalen Verzierung
  - fast völlige Negierung von Räumlichkeit
- großformatige Wandmalerei (Fresko) als Bildschmuck im Langhaus und in der Apsis
- häufige Verwendung von Mosaiken in Italien
- Glasmalerei im Kirchenraum wird erstmals bedeutsam

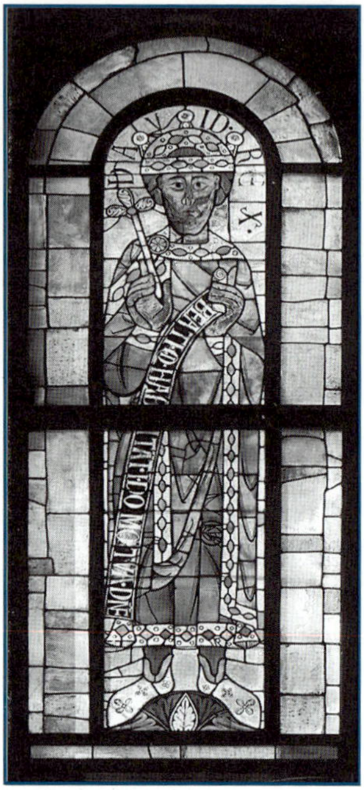

König David, Augsburger Dom, um 1135

Frühromanik (ca. 1000–1050)

- schrittweise **Weiterentwicklung der** ottonischen **Buchmalerei:** reich illustrierte und aufwendig gestaltete Bibeln, fantasievoll geschmückte **Initialen** und **Rahmen**
- **Wandmalerei:**
  - Wand als **wichtiger Bildträger**, aber nur noch wenige Beispiele erhalten
  - Anpassung der Bildkomposition an räumliche Gegebenheiten, d. h., Architektur und Bild ergänzen sich, z. B. *Christus als Weltenrichter*, Basilica di San Vincenzo, Galliano, um 1000

Hochromanik (ca. 1050–1150)

- **Aufblühen der Buchmalerei:** verstärkt Illustrationen und Ausschmückungen zahlreicher liturgischer Bücher durch bildliche Gestaltung der Initiale, erstmals **ganzseitige Bilder** zur Textillustration, Tendenz zum Realismus in der Figurendarstellung, z. B. *Bibel des Stephan Harding*, um 1109; *Moralia in Job*, um 1109
- **regionale Stilunterschiede** in der Buchmalerei:
  - **England:** Reduzierung der Farbigkeit, Szenen eingerahmt durch organisches Rankenwerk, stark bewegte Form, Betonung der Umrisse, z. B. *Wurzel Jesse* (= Stammbaum Christi), Lambeth-Bibel, um 1150

- **Frankreich:** Entstehung **verschiedener Schulen** der Buchmalerei, z. B. Schule von Poitiers oder von Cîteaux: Betonung der Gestalt, statuarische standbildhafte Wirkung in der Haltung und der Gebärde, z. B. *St. Radegundis*, 11. Jhd. (Poitiers); Betonung der Umrisse (→ Einfluss von England), z. B. *Madonna mit Kind*, um 1130 (Cîteaux)

- großformatige **Wandmalereien** in Fresko- und Temperatechnik (nur teilweise erhalten):
  - formatfüllende Gestalten
  - starke Gebärdensprache
  - **symbolische Farbflächen** als Hintergrund
  - Betonung der **Umrisslinie**
  - Beispiele: *Jüngstes Gericht*, St.-Michaels-Kirche, Albstadt-Burgfelden, um 1080; *Freskenzyklus Heilung des Blinden*, St. Angelo, Formis bei Capua, um 1080
- erstmals deutliche **Entwicklung der Glasmalerei** (Kirchenfenster):
  - Formate werden größer
  - formatfüllende Figuren in Frontalansicht
  - Größe entsprechend der Bedeutung **(Bedeutungsmaßstab)**
  - würdevolle Haltung
  - symbolische Verwendung der Farben
  - Beispiele: *Prophet Daniel* und *König David*, Augsburger Dom, um 1135; *Kreuzigung*, Ostfenster, Kathedrale von Poitiers, um 1160
- große Bedeutung von **textilen Wandbehängen** für die Innenausstattung von sakralen und profanen (= weltlichen) Räumen, z. B. *Teppich von Bayeux* (7 m × 0,5 m), um 1080: zeigt die Eroberung Englands durch die Normannen
- **Italien:** Vorliebe für **Mosaike** (byzantinischer Einfluss), monumentale Aufreihung der Dargestellten vor Goldgrund, z. B. *Apsismosaik*, S. Maria in Trastevere, Rom, um 1150 (früheste Darstellung einer Marienkrönung)

Spätromanik (ca. 1150–1250)

- **Bildfülle** und deutliche **Steigerung der Bewegung** (szenische Darstellung) in der Komposition, Gesichter schematisiert, z. B. *Grablegung*, Psalter von Bonmont, um 1260
- zunehmende Erfassung der **plastischen Körperlichkeit:** Linien verdeutlichen Formverlauf des Körpers → Wirkung der **Gewänder wie Hüllen**, aber: Lebendigkeit durch **dynamischen Faltenwurf**, z. B. *Wurzel Jesse*, Deckenmalerei, St. Michael, Hildesheim, um 1220
- häufiger **Symbolbedeutung der Farben:** Blau und Rot häufig dominierend, Goldgrund als Verweis auf das Überirdische, z. B. *Bamberger Psalter*, um 1230
- weiterhin Einteilung in **Bildfelder**, oft mit ornamentalen Rahmen, z. B. *Pfingsten*, Antiphonar von St. Peter, um 1160
- Entstehung bedeutender Werke der **Glasmalerei:**
  - auffallende additive Anordnung **mehrerer Einzelszenen**
  - Bedeutung durch die Größe hervorgehoben
  - wirkungsvoller Einsatz von Symbolfarben
  - rahmendes Rankenwerk
  - **sparsame Verwendung der Binnenlinie**
  - Betonung der Gesamtgestalt durch **klare Kontur**
  - Beispiel: *Kreuzigung*, Ostfenster der Kathedrale von Poitiers, um 1160

Auf einen Blick

Plastik der Romanik

- Plastik meist architekturgebunden als Säulenfigur im Portal
- starre, frontale Haltung und überlängte Proportionen der Gestalten
- Reliefs am Bauwerk (Tympanonrelief, Kapitellschmuck) mit biblischen Inhalten und christlichen Symbolen
- Holzfiguren im Inneren der Kirche: farbig gefasst, oft mit Edelmetall überzogen, meist Muttergottesfiguren oder Kruzifixe
- Bronzeguss gewinnt an Bedeutung, z. B. Portalrelief, Freiplastik
- Schreine für die Reliquienverehrung aus Edelmetall

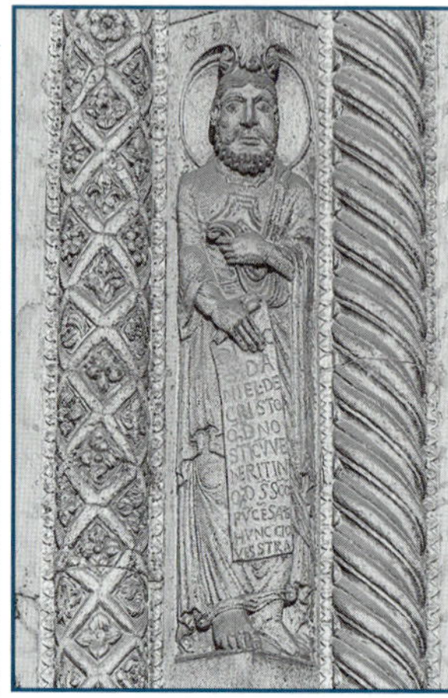

Prophet, Dom Ferrara, um 1135

Frühromanik (ca. 1000–1050)

- Plastik **überwiegend architekturgebunden:** mit Relieffriesen geschmückte Portale und Fenster, figürlich gestaltete Kapitelle (antikes Vorbild: korinthische Kapitelle), z. B. *Figurenkapitell*, Turmhalle, St. Benoit-sur-Loire, um 1067
- Entstehung erster **größerer Plastiken aus Holz:** blockhafte Auffassung des Körpers, geschlossener Umriss, streng frontal ausgerichtet, z. B. sog. *Imad-Madonna*, um 1055
- **kleinplastische Arbeiten** in Form von Goldschmiedearbeiten und Elfenbeinschnitzereien: ottonischer Einfluss bei Figurenauffassung spürbar, z. B. *Schrein des hl. Aemilian*, Kloster San Millán de Suso, Spanien, um 1053

Hochromanik (ca. 1050–1150)

Nationale Ausprägungen kommen stärker zum Ausdruck:

Frankreich

- häufig reliefplastische Gestaltung des Tympanons
- Gestaltungsmerkmale:
  - **strenge Symmetrie und Frontalität**
  - **Übersteigerung des Ausdrucks**
  - Gebärdensprache
  - teilweise ornamental stilisiert
  - häufig auch **überlängt und zeichenhaft vereinfacht**
- Beispiele: *Thronender Christus*, St. Sernin, Toulouse, von Bernard Gilduin, um 1096; *Jüngstes Gericht*, Westportal, St. Lazare, Autun, von Meister Gislebertus, um 1140

Deutschland

- Schwerpunkt auf **Innenausstattung**, z. B. Kruzifix, Altarrelief, Taufbecken, Chorschranke
- hier deutliche **Entwicklung im Bronzeguss:** vermehrt **großformatige Werke** als blockhaft **geschlossene Gestalt**, mit **strenger Faltenbildung des Gewands** (Gewandfiguren = Gewand bildet den Körper), z. B. *Bronzegrabplatte Friedrichs von Wettin*, Dom Magdeburg, um 1150; oder: deutliche **Stilisierung der Figur** mit **ausdrucksstarken Gesichtszügen**, z. B. *Werdener Kreuz*, um 1170

Italien

- lombardische Bildhauer teilweise auch namentlich bekannt, z. B.:
  - Benedetto Antelami: Werk gekennzeichnet durch ausgeprägte **plastische Figuren, dicht gedrängte, ausdrucksstarke Anordnung**, z. B. *Kreuzabnahme*, Dom Parma, 1178 → auch in Deutschland tätig (Speyerer Dom)
  - Meister Nicolo: Zunahme an **Körperlichkeit, Vorform der Säulenfigur** entsteht, z. B. *Hl. Georg*, Tympanonrelief im Hauptportal, *Prophetengestalten* (Säulenfiguren) im Gewände des Portals, Dom Ferrara, um 1135

Spätromanik (ca. 1150–1250)

Deutschland

- **Goldschmiedekunst:**
  - kostbare, aufwendig gefertigte Arbeiten aus Edelmetall, Edelsteinen, Gemmen, Kameen und Grubenschmelzemail
  - ausdrucksstarke szenische Darstellungen
  - zum Teil freiplastische Relieffiguren
  - Beispiele: *Tragaltar des Welfenschatzes*, von Eilbertus von Köln, um 1160; *Dreikönigenschrein*, Kölner Dom, von Nikolaus von Verdun, um 1190
- **Bronzeguss:** meisterhaft beherrschte Technik und Gestaltung, Ansatz einer räumlichen Staffelung der Figuren im Relief, z. B. *Taufbecken*, Hildesheimer Dom, um 1220
- **Skulptur:**
  - beginnende Auflösung der Blockhaftigkeit, Zuneigung Mutter-Kind, weicher und natürlich wirkender Faltenwurf des Gewandes, leichter Schwung in der Haltung, z. B. *Muttergottes*, St. Maria im Kapitol, Köln, um 1180
  - **französischer Einfluss** durch wandernde Bildhauer (an franz. Kathedralplastik geschult): Auflösung der Strenge durch lockere, gelöste Haltung und einen an die Bewegung angepassten Faltenwurf, z. B. *Adamspforte*, Bamberger Dom, um 1230

Frankreich

- **Ankündigung der Gotik** durch Überwindung der romanischen Strenge:
  - gestufte, sich trichterartig weitende Portale
  - überlebensgroße und säulenhaft überlängte Statuen
  - fein gearbeitete und schematisch parallel verlaufende Gewandfalten
  - spürbare Beseelung der Gesichter, fein differenzierter Ausdruck
- Beispiel: *Königsportal* von Chartres, um 1150

Auf einen Blick

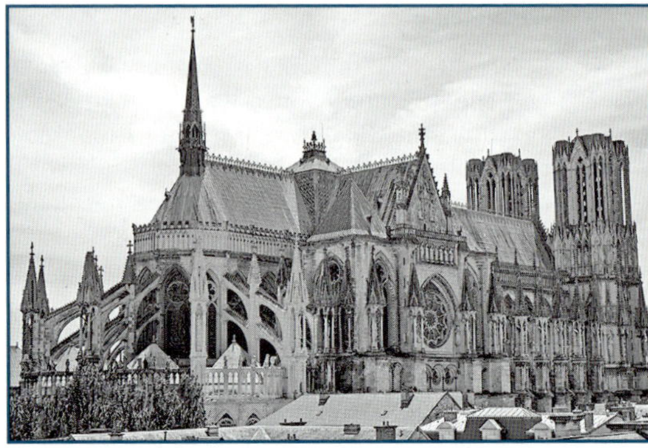

Kathedrale Notre Dame, Reims, um 1210

Weltbild

- theozentrisches Weltbild prägt Denken und Handeln
- geozentrisches Weltbild: von Gott geschaffene Erde im Mittelpunkt des Universums
- Scholastik: Versuch, Glaube und Wissenschaft in Einklang zu bringen (Albertus Magnus)
- naturwissenschaftliche Erkenntnisse als Beweis für Gottes Allmacht und Größe (Thomas von Aquin)

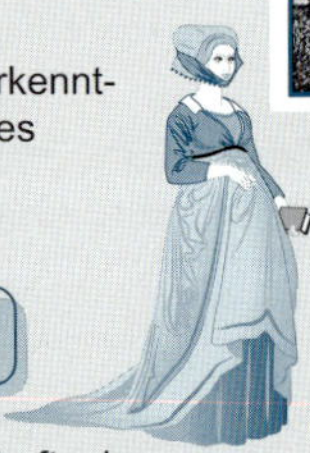

Gesellschaft

- weiterhin Feudalgesellschaft, aber Lockerung der Grenzen und Regeln
- Wachstum und Entwicklung der Städte
- Entstehung neuer Gesellschaftsschichten: Handwerker, freie Bürger, wohlhabende Patrizier
- Interregnum durch Tod des letzten Stauferkaisers
- Aufstieg der Habsburger
- Regelung der Königswahl durch Goldene Bulle

Kultur

- Entwicklung freier Universitäten und einer bürgerlichen Kultur durch Aufblühen der Städte
- großer Einfluss des Handels auf die Kultur
- Entstehung neuer Malweisen und Bauaufgaben
- Organisation der Handwerker in Gilden und Zünften
- Bereicherung von Bauwesen, Arbeitswelt und Kunst durch zahlreiche Erfindungen
- Ausbreitung der Gotik ausgehend von Frankreich

Weltbild

- **theozentrisches Weltbild** (Gott als geistiges Zentrum der Welt) weiterhin vorherrschend, aber stärkere Theoretisierung dieses Themas in den theologischen Wissenschaften
- zunehmende Naturbeobachtungen, aber Verteidigung der Ansicht, dass Gott als Schöpfer des Universums die Erde in den Mittelpunkt gesetzt hat **(geozentrisches Weltbild)**
- stärkere Bedeutung der Wahrnehmung der irdischen Erfahrungswelt (Wissen) → Versuch der **Scholastik** (= Wahrheitsfindung durch gegensätzliches Argumentieren), Glaube und Wissen zu vereinen:
  - Albertus Magnus: Bemühungen, die Lehren des Aristoteles (Antike) mit der christlichen Überzeugung in Einklang zu bringen
  - Thomas von Aquin (Schüler von Albertus Magnus) erkennt Vereinbarkeit der antiken Philosophie (Aristoteles) mit christlicher Dogmatik, wissenschaftliche Erkenntnisse dienen als Beweis für Gottes Allmacht

Gesellschaft

- Weiterbestehen der Feudalgesellschaft mit drei Ständen, aber Tendenz, Regeln und Grenzen zu lockern
- Bestreben des Königtums in zentralisierten Monarchien, v. a. in Frankreich, feudale Zersplitterung zu überwinden
- Entstehung **neuer Gesellschaftsformen** durch zunehmende Zahl von Städten:
  - Fluchtmöglichkeit und Freiheit für Leibeigene („Stadtluft macht frei") → Etablierung eines **freien Bürgertums**
  - Förderung der Ansiedlung von Kaufleuten und Handwerkern durch Marktprivilegien: Handwerker („Künstler") organisieren sich in **Gilden** und **Zünften** → gegenseitiger Schutz und Wahrung von Berufsinteressen
  - sozial aufsteigende Bürger werden zu wohlhabenden Patriziern
  - Entwicklung einer kommunalen Verwaltung mit Steuern, Zöllen und eigener Rechtsprechung
- **Bauhütte** (= Werkstattverband) ersetzt mönchische Bauverbände
- **Bündnis der Kaufleute (Hanse)** in den nördlichen Städten entwickelt sich zur Großmacht
- **Pestepidemie** („Schwarzer Tod") in Europa (1347–1351) → tiefgreifende Auswirkungen auf die Gesellschaft, z. B. Entvölkerung, Hungersnot, Judenverfolgung, Endzeitstimmung
- **Tod Friedrichs II.** (1250) → Zeit wechselnder Herrschaft **(Interregnum)**
- Wahl **Rudolfs von Habsburg** zum König (1273) → **Ende des Interregnums** und Aufstieg der Habsburger Dynastie zur europäischen Hausmacht
- zunehmende politische **Zersplitterung des deutschen Reichs**
- Wahl Karls IV. (Haus Luxemburg) zum König (1346) → Erlass der **Goldenen Bulle** (1356): Festlegung der wahlberechtigten Kurfürsten bei der Königswahl, Papst ohne Mitwirkungsrecht → wichtige **Grundlage der Reichsverfassung**
- 1437 Wiederaufstieg der Habsburger (Friedrich III., Maximilian I.), jedoch ohne zentrale Macht

Kultur

- Aufblühen der Handelsbeziehungen und Städte fördert Entstehung einer **bürgerlichen Stadtkultur** → Wohlstand einzelner Patrizier → **Förderung der Kunst** durch Aufträge (Stiftungsbilder/Altäre)
- **Zugang zur Bildung für Bürger** in Schulen und Universitäten → Veränderung des Weltbilds
- zunehmende Verweltlichung, z. B. bei Bildern und Plastiken
- Entstehung **neuer Bildtypen und Bauaufgaben**, z. B. Andachtsbilder und städtische Gebäude
- **zahlreiche Erfindungen** und technische Entwicklungen → Verbesserungen …
  - in der **Arbeitswelt**, z. B. Windmühle, Trittwebstuhl, Kompass, Papier, Brille, Schwarzpulver
  - in der **Bautechnik**, z. B. Spitzbogen, Kreuzrippengewölbe und Strebepfeiler, die das Beherrschen der Schubkräfte (Baustatik) verbessern
  - in der **Kunst**, z. B. Bereicherung der Gestaltungsmöglichkeiten durch Ölmalerei, Kupferstich und Buchdruck mit beweglichen Lettern am Ende der Epoche
- **Umland von Paris (Île-de-France) als Entstehungsort der gotischen Kunst** → von dort Ausbreitung in angrenzende Länder, aber Entwicklung in **regionalen Varianten und unterschiedlicher Chronologie** in einzelnen Regionen, lediglich um 1400 einheitliche Formensprache („**Internationale Gotik**")

Auf einen Blick

Architektur der Gotik

- Baukunst weiterhin führend und prägend für die Epoche
- himmelwärts strebende Kirchenbauten
- typische Bauelemente: Spitzbogen, Kreuzrippengewölbe, Strebewerk
- Rechteckjoch statt Vierungsquadrat
- Verstärkung der hoch aufstrebenden Arkaden der Mittelschiffswände durch kantonierte Pfeiler, später Bündelpfeiler
- Auflockerung der Wandfläche über den Arkaden durch Triforien
- Verlängerung des Chorraums, später Erweiterung zum Umgangschor mit Kapellenkranz
- Betonung der Westfassade (Portal, Doppelturm)

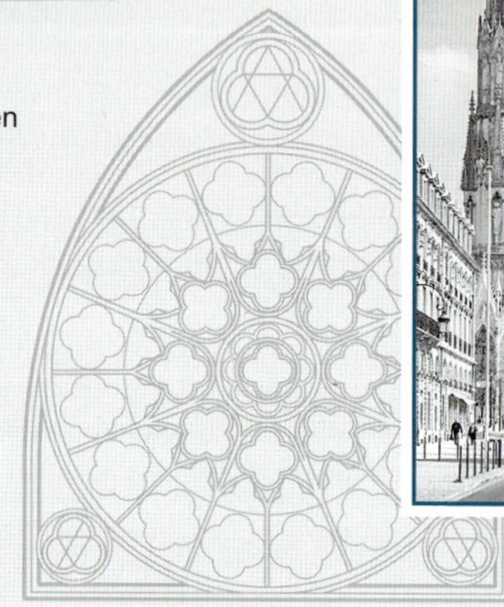

Maßwerkfenster

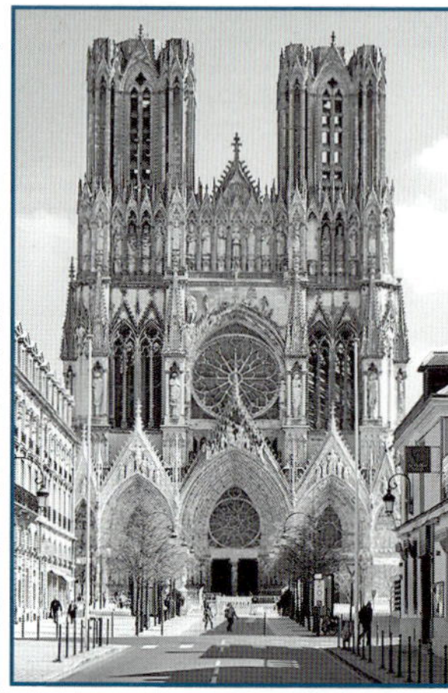

Kathedrale Notre Dame, Reims, Westfassade, um 1210

Frühgotik (ca. 1140–1200)

Frankreich

- **Sakralarchitektur** als bestimmende Gattung
- **Anknüpfung an die Romanik:** Umgangschor mit Kapellenkranz, Spitzbogen, Kreuzrippengewölbe, Emporen- und Triforienzone, Zweiturmfassade
- Neubau der *Klosterkirche St. Denis*, Paris, ab 1137, als Gründungsbau der gotischen Architektur:
  - Verwendung des **Spitzbogens** (anpassungsfähig, da verschiedene Spannweiten bei gleicher Scheitelhöhe möglich) beim Kreuzrippengewölbe
  - **Rechteckjoch** ersetzt Vierungsquadrat → Abkehr vom gebundenen System
  - **diaphane** (= durchscheinende) **Wirkung** → charakteristisch für gotische Kathedralen
  - Chor zum ersten Mal als einheitliches Raumgefüge: gewölbter **Chorumgang mit gewölbtem Kapellenkranz**, durch Strebepfeiler der Gewölbe statt durch Seitenwände getrennt
- Entwicklung der **Hochschiffswand:**
  - **viergeschossiger Aufbau** der Mittelschiffswand üblich: säulengestützte Arkaden, Emporen, Triforium (Scheinempore), Obergadenzone → Abfolge der Elemente kann variieren, z. B. *Kathedrale Notre Dame*, Laon, um 1160
  - sechsteiliges **Kreuzrippengewölbe mit Haupt- und Nebenstützen**, Unterscheidung der Stützen durch Dienste bzw. Dienstbündel (schlanke vorgeblendete Säulen) mit unterschiedlicher Stärke → Tendenz weg von der Rhythmisierung hin zur Vereinheitlichung
- Entwicklung der **Westfassade** → Tendenz zur Auflösung der Wandflächen:
  - dreiachsiger, dreigeschossiger Aufbau mit drei Portalen: Fassade (Portalzone, Galerie, Fensterrose) spiegelt Aufbau des Innenraums wider, z. B. *Kathedrale von Laon*, um 1160 beg.
  - **Zweiturmfassade:** vertikal aufstrebende Turmpaare, z. B. *Notre Dame*, Paris, 1164 beg.
  - typische **Motive:** Fialen (= Ziertürmchen), Rosenfenster

England/Deutschland

- **England:** Übernahme gotischer Formen aus Frankreich mit eigener Ausprägung („**Early English Period**", ca. 1170–1240), z. B. *Kathedrale von Canterbury*, um 1175 → dreischiffiger Bau, zwei Querschiffe (typisch für England), deutliche Betonung der Längsausdehnung
- **Deutschland:** Übernahme der Gotik ab ca. 1200, zunächst Verwendung gotischer Einzelformen (Spitzbogen, Rippengewölbe, Westtürme, Umgangschor), z. B. *Magdeburger Dom*, 1209 beg.

Hochgotik (ca. 1200–1270)

Frankreich

- **Strebewerk** (= Strebepfeiler und Bögen) als wichtige statische Neuerung (prägend für die Außengestalt), **Wegfall des Stützenwechsels:** vierteiliges Kreuzrippengewölbe nur von Hauptstützen getragen, im Langhaus **kantonierte Pfeiler** (= Pfeilerkern und Dienste aus einem Stück gemauert), Galerie als drittes Fassadengeschoss, in den Proportionen harmonisch, ausgewogene **Westfassade** mit beherrschendem **Maßwerkfenster** (Fensterrose), z. B. *Kathedrale Notre Dame*, Reims, um 1210 (Krönungskirche der Könige)
- Entwicklung in die **Höhe** (Mittelschiff doppelt so hoch wie Seitenschiffe), vom Boden durchlaufende Dienste, neu: **verglastes Triforium im Chor**, z. B. *Kathedrale von Amiens*, um 1220
- **dreigeschossiger Aufbau** der Mittelschiffswand: Arkaden, Triforien, Obergaden (keine Empore) → Strukturierung und Auflockerung der Wände, z. B. *Kathedrale St. Étienne*, Sens, um 1140

England

- Vorliebe für Ausbildung und Weiterentwicklung von **schmückenden Bauelementen** → „**Decorated Style**" (ca. 1240–1330): **zusätzliche Schmuckrippen** im Gewölbe, z. B. *Kathedrale von Lincoln*, um 1233

Deutschland

- **ab ca. 1230 systematische Anwendung gotischer Formen**, aber nur zur Modernisierung traditioneller Bautypen, z. B. *Liebfrauenkirche*, Trier, um 1230 beg. → kantonierte Pfeiler, Maßwerkfenster, Kreuzrippengewölbe, aber: Hallenkirche, kein Kathedralchor, kein dreizoniger Aufriss
- *Kölner Dom*, um 1248: **Idealkathedrale** nach französischem Vorbild (Amiens)
- **Sonderentwicklungen: Backsteingotik** im Norden (Hansestädte), z. B. *Marienkirche*, Lübeck, um 1250; **Süddeutsche Einturmfassade**, z. B. *Freiburger Münster*, um 1275

Spätgotik (ca. 1350–1500)

- **Frankreich:** zunehmende Betonung des schmückenden Elements (Konsole, Rippenprofil, Fenstermaßwerk) → „**Flamboyant-Stil**" (flammenartige Maßwerkformen) auch in der Fassadengestaltung, z. B. *La Trinité*, Vendôme, um 1500
- **England:** Betonung der Senkrechten in den Fenstermaßwerken und Wandverzierungen, gitterartige Gliederung der Fenster, **Fächergewölbe** → „**Perpendicular Style**", z. B. *Westminster Abbey, Kapelle Heinrichs VII.*, London, 1503–1519
- **Deutschland:**
  - Entwicklung des **Netzgewölbes:** parallel geführte Rippen bilden ein netzartiges Gewölbe, z. B. *Dom St. Veit, Chor*, von Peter Parler (1330–1399), um 1360
  - Verbreitung der **Hallenkirche:** kein Querschiff, Haupt- und Seitenschiffe gleich hoch, **Umgangschor mit Kapellenkranz**, z. B. *Heiligkreuzkirche*, Schwäbisch Gmünd, um 1500

Auf einen Blick

Malerei der Gotik

- Ablösung der Wandbilder durch Tafelbilder (Flügelaltar)
- Glasmalerei als zentraler Bestandteil der Kirchenausstattung
- Buchmalerei nun auch in weltlichen Büchern
- illusionistische Landschaftsräume ersetzen allmählich den Goldgrund
- zunehmend naturalistische Abbildungen durch neue und weiterentwickelte Maltechniken (Tempera / Ölfarben)

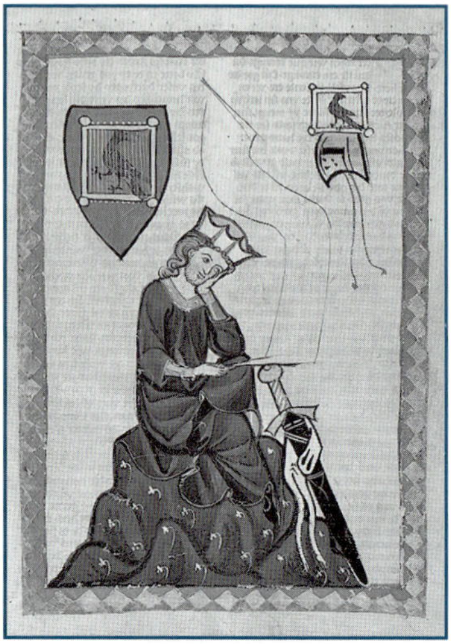

Walther von der Vogelweide, Codex Manesse, um 1300–1340

Früh- und Hochgotik (ca. 1140–1350)

- **um 1200:** Buchmalerei noch lange von Romanik beeinflusst, daher keine eigenständige Weiterentwicklung in der frühen Gotik; Blüte der Glasmalerei; Wandmalerei kaum erhalten
- Wegfall der Wandfläche als Malgrund → **Entwicklung des Flügelaltars** (Tafelbild)
- erst ab **Ende des 13. Jhds. ausgehend von Italien: Freskomalerei, Verbreitung der Tafelmalerei auf Holz** (Tempera und Ölfarben) → vermehrtes Auftreten in der Spätgotik
- **Aufblühen der Glasmalerei:** große Fensterflächen durch Öffnung der Wände vorhanden, Glasmalerei übernimmt bedeutenden Teil des ikonographischen Programms, Komposition verschiedenfarbiger Gläser, **Einzeldarstellungen mosaikartig zusammengesetzt**, durch Bleistege **stark konturiert, Vorliebe für Rot und Blau**, z. B. *Fensterrose und Lanzettfenster*, nördliches Querhaus, Kathedrale Chartres, um 1230
- besonders in **Frankreich:**
  - Entstehung **weltlicher Werkstätten der Buchmalerei** (neben denen in Klöstern)
  - ab dem **13. Jhd.:** Entwicklung eines **europäischen Stils, Verweltlichung** der Handschriften (entstehen im höfischen Umfeld), Orientierung am antiken Stil (z. B. Kontrapost) und an der **Farbigkeit der Glasmalerei**, z. B. *Ingeborg-Psalter*, um 1200
  - **hochgotische Miniaturen:** klare Umrisse, starke Farbigkeit, Architekturmotive und Kleidung zeitgenössisch orientiert, erzählende Szenerie, z. B. *Psalter Ludwigs des Heiligen*, um 1260
  - ganzseitige Miniaturen **weltlicher Themen:** Darstellung des ritterlich-höfischen Lebens, erzählende und stilisierende Illustrationen, z. B. *Codex Manesse*, um 1300–1340
- **Italien:**
  - Malerei **Ende des 13. Jhds. noch stark von byzantinischer Tradition beeinflusst** (symmetrischer Bildaufbau, Bedeutungsperspektive, Goldgrund), z. B. *Madonna*, S. Trinità, Florenz, von Cimabue, um 1290

  - **eigenständige Entwicklung** in Form und Komposition **um 1300 mit Giotto di Bondone** (aus **Florenz**): Überwindung der byzantinischen Malweise durch **perspektivische Räumlichkeit des Bildraums** (Verzicht auf Goldgrund), Erfindung der **Raumfigur** (= Figur agiert im Raum statt davor), plastisch erscheinende Wiedergabe der Körper, individuelle Physiognomien, Beginn einer Formensprache der Renaissance **(Protorenaissance)**, z. B. *Fresken der Arenakapelle*, Padua, von Giotto di Bondone, um 1305 → neue Bedeutung der Wandmalerei
  - **Siena** als zweites **künstlerisches Zentrum** neben Florenz: Nachwirken der traditionellen byzantinischen Malweise (Goldgrund, Bildtypen), aber vorsichtige Individualisierung der Figuren und Abwandlung der „maniera greca" (= byzantinisch beeinflusster Stil), Raumfigur und naturalistische Ansicht weniger wichtig als bei Giotto, z. B. *Madonna Rucellai*, von Duccio di Buoninsegna, 1285
- **Deutschland:** unterschiedliche Entwicklung der Tafelmalerei (Andachtsbild, Flügelaltar), z. B.
  - *Verkündigung*, Kölner Schule, um 1328 → klar konturierte Figuren vor Goldgrund, stilisierte Mimik und Gestik
  - *Erschaffung der Tiere*, Grabower Altar, ursprünglich St. Petri, Hamburg, von Bertram von Minden, um 1380 → deutliche Modellierung der Körper, detailreiche Naturbeobachtung, aufzählende Reihung

Spätgotik (ca. 1350–1500)

- **Frankreich:**
  - starke Ausdruckskraft durch Haltung und Gebärde, **Andeutung von Landschaft vor Goldgrund**, z. B. *Pietà von Avignon*, von Enguerrand Quarton, um 1470
  - bedeutende Illustrationen verschiedener **Stundenbücher:** perspektivische Raumkonstruktion, raumunterstützende Lichtführung (Aufhellung der Farbe in die Tiefe), z. B. *Stundenbuch des Étienne Chevalier*, von Jean Fouquet, vor 1457 (Kenntnis der italienischen Kunst durch Reisen)
- **Italien:** im späten 14. und frühen 15. Jhd. vor allem Werke des **internationalen Stils**, höfisch dekorativer Stil (Vielfalt und Reichtum in der Ausstattung wichtiger als naturgetreue Darstellung des Menschen), z. B. *Anbetung der Könige*, von Gentile de Fabriano, 1423
- **Niederlande/Flamen** → beeinflusst von Frankreich, da Teil von Burgund:
  - neuer **Naturalismus** in der Malerei, einzelne Künstler prägend für das 15. Jhd.
  - **wirklichkeitsgetreue Porträtmalerei**, illusionistische Schilderung kleinster Details, neu: **Öl als Farbbindemittel** (Ölmaltechnik/Lasur), z. B. *Arnolfini-Hochzeit*, von Jan van Eyck, 1434
  - fein abgestimmte Komposition (Bildrahmen); plastisch gemalte, reliefartig erscheinende Figuren, z. B. *Kreuzabnahme*, von Rogier van der Weyden, um 1434
  - Hintergrund: (bürgerliches) Interieur oder Landschaft, oft auch **Öffnung des Raums zur Landschaft anstatt eines Goldgrunds**, z. B. *Genter Altar*, von Jan van Eyck, 1432
- **Deutschland** → bedeutsame Entwicklung **einzelner Maler** im süddeutschen Raum:
  - überzeugende **Erfassung von Stofflichkeit**, z. B. *Madonna im Rosenhag*, von **Stefan Lochner**, um 1448 → Mischung aus internationalem Stil (Goldgrund) und altniederländischem Naturalismus
  - erstmals **Wiedergabe einer existierenden Landschaft** (Genfer See) als Hintergrund einer Bibelszene: *Der wunderbare Fischzug*, von **Konrad Witz**, 1444
  - wachsender Bedarf an Andachtsbildern → Entwicklung der **Druckgrafik** (zunächst Holzschnitt, dann Kupferstich): Umrisslinie und Schraffur zur plastischen Wiedergabe eingesetzt, Hell-Dunkel kompositorisch genutzt, z. B. *Erzengel Michael tötet den Drachen*, Kupferstich, von **Martin Schongauer**, um 1480 → **Wegbereiter der grafischen Kunst**

Auf einen Blick

Plastik der Gotik

- in Früh- und Hochgotik meist Bauplastik, später häufiger Verlagerung ins Kircheninnere
- zunehmende Befreiung vom Reliefgrund, vermehrt freiplastische Formen (Nischenfigur)
- deutlicher Bewegungszuwachs: S-Schwung, Gewandfalten
- innere Regung deutlich sichtbar durch Mimik, Haltung und Gestik
- spürbare Hinwendung zur naturalistischen Wiedergabe des menschlichen Körpers

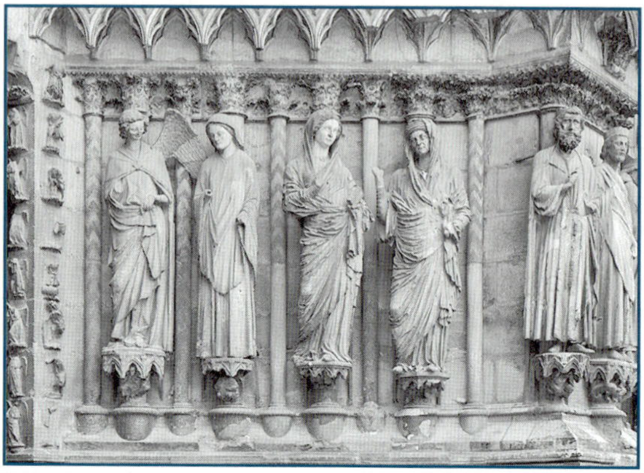

Heimsuchungsgruppe, Westportal, Kathedrale Reims, um 1230

Frühgotik (ca. 1140–1200)

- **Frankreich:**
  - Entwicklung der Relieffigur zur **Vollplastik** (Nischenfigur) → **Kirchenportale als bevorzugte Orte** der figürlichen Darstellung, z. B. Tympanon (= Bogenfeld), Gewände (= abgestufte Laibungen), Archivolte (= Bogenlaibung), Trumeau (= Portalmittelpfeiler)
  - Kennzeichen der **frühgotischen Plastik: Gewändefiguren** in würdevoller säulenartiger Erscheinung, **vollplastisch** gerundet, **leichte Regung** in den Gesichtern (Beseelung), keine Interaktion, starke **Überlängung der Figuren**, z. B. *Königsportal*, Westfassade, Kathedrale Chartres, um 1145
  - Übergang zur Hochgotik: Figuren deutlich **lebendiger** in der Haltung und Proportion, natürlich wirkender **Faltenwurf** (**Gewandfigur** = Gewand bildet den Körper), neues Motiv: **Figurenkrönung** durch plastischen Baldachin, z. B. *Nordportal*, Kathedrale Chartres, um 1205
- **Deutschland:** trotz Schulung der Bildhauer auf französischen Kirchenbaustellen **weiterhin romanische Formensprache** bei Skulpturen

Hochgotik (ca. 1200–1350)

Frankreich

- Entstehung der „**klassischen Kathedralplastik**“: lebendige, **natürlich wirkende Haltung** der Figuren, **plastisch durchmodellierte Körperformen**, z. B. *Madonnenportal*, Notre Dame, Paris, um 1230
- starke **Betonung der Körperlichkeit** unter dem Gewand, anatomisch **richtige Proportionen**, **Individualisierung** in der Haltung, **Mimik und Gestik**, z. B. *Heimsuchungsgruppe*, Westportal, Kathedrale Reims, um 1230
- erste Ansätze eines „Kontraposts“, z. B. *Vierge Dorée* (Maria mit Kind), Trumeaufigur, Kathedrale von Amiens, um 1240

Deutschland

- kontinuierlich sich durchsetzende **Orientierung an der französischen Kathedralplastik**, aber Nachwirken der romanischen Tradition: nur wenige Portale nach französischem Vorbild, z. B. sog. *Goldene Pforte*, Freiberger Münster, um 1230
- Vorliebe für **Einzelfiguren im Kircheninnenraum**, idealisierte Porträts mit individueller Charakterisierung, z. B. *Ekkehard II. und Uta* (Stifterfiguren), Westchor, Naumburger Dom, um 1250
- Entstehung einer Fülle an verschiedenen Typen plastischer Werke durch **Verlagerung der Bauplastik ins Kircheninnere**, z. B. Christus-Johannesgruppe, Gabelkreuz, Flügelaltar, Grabmalplastik, Vesperbild/Pietà (= trauernde Muttergottes mit totem Sohn)
- erstmalige Darstellung **nackter Figuren als Großplastik**, z. B. *Adam und Eva*, Adamspforte, Bamberger Dom, um 1230

Spätgotik (ca. 1350–1500)

- aufblühende **Marienverehrung:** geprägt durch aufrecht stehende Madonnenstatuen mit Kind im Arm („Schöne Madonnen")
- **Internationale Gotik/Weicher Stil** (um 1400) deutlich sichtbar in Marienstatuen, die der Andacht dienen: weich fallende, mehrfach überlagernde **Gewandfalten**, **S-Schwung** im Standmotiv, sanfte und **idealschöne Gesichtszüge**
- unterschiedliche **Strömungen** in der spätgotischen Plastik in **Deutschland:**
  - ausdrucksbetonter Stil, z. B. *Pietà*, von Röttgen, um 1300
  - an der Natur orientierter Stil: verbunden mit Künstlerfamilie Parler (Parlerplastik), z. B. *Bildnisbüsten*, Prager Veitsdom, von Peter Parler, nach 1353 → erste nachantike Bildnis-/ Porträtbüsten
  - Internationaler/Weicher Stil, z. B. *Horber Madonna*, um 1410/15
- **Altarkunst:**
  - zentrale Bedeutung des **Flügelaltars** in Deutschland
  - **namentlich bekannte Bildschnitzer** treten in den Vordergrund, z. B. Michael Pacher, Veit Stoß, Tilman Riemenschneider
  - Ausschmückung der Altäre mit teilweise **vollplastischen Figuren, Reliefs und Gemälden**, z. B. *Marienaltar*, Herrgottskirche Creglingen, von Riemenschneider, um 1505 → virtuose Beherrschung des Handwerks, dramatisch wirkende Inszenierung durch eigenwilligen Faltenstil, Verzicht auf Bemalung

Auf einen Blick

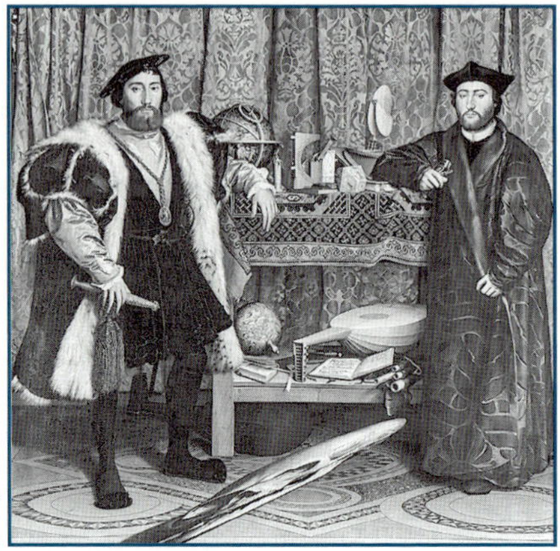

Die Gesandten, von Hans Holbein d. J., 1533

Weltbild

- Humanismus: irdisches Leben im Zentrum
- Ablösung des theozentrischen Weltbilds durch anthropozentrisches Weltbild
- verändertes Gottesbild: menschlicher Erlöser statt unnahbarer Herrscher
- heliozentrisches Weltbild (Kopernikus) widerspricht dem geozentrischen Weltbild

Gesellschaft

- Eroberung Konstantinopels durch Osmanisches Reich
- Vormachtstellung der Medici in Florenz
- große Macht der Habsburger in Europa
- Beginn der Reformation (Martin Luther)
- Plünderung Roms (Sacco di Roma)

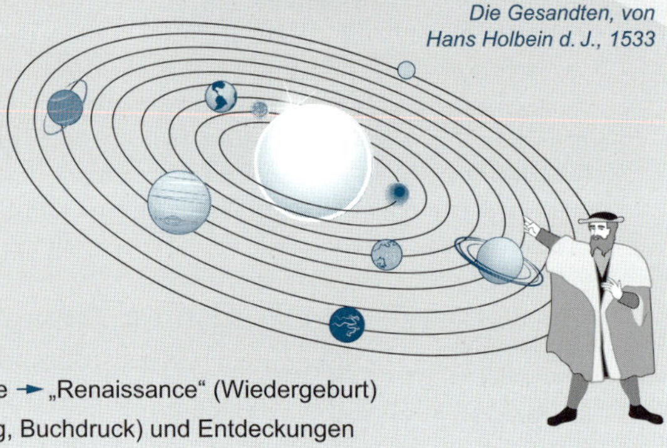

Kultur

- Rückbesinnung auf die Kultur der Antike → „Renaissance" (Wiedergeburt)
- wichtige Erfindungen (z. B. Zeitmessung, Buchdruck) und Entdeckungen (z. B. Seeweg nach Indien)
- Weltzugewandtheit des Humanismus → Erforschung der Natur und des Menschen (da Vinci)

Weltbild

- Ausbreitung des **Humanismus** in Europa: **Studium der Antike** (Wissen, Kunst) als Schlüssel zu einem neuen und tieferen Verständnis des menschlichen Wesens → „uomo universale" (Universalmensch) als Idealbild: vielseitig gebildeter Mensch, der die Welt gestaltend verändert (irdischer Schöpfer), z. B. Leonardo da Vinci
- Versuch, das **geistige Gut der Antike** mit dem **christlichen Denken** zu verbinden **(Erasmus von Rotterdam)**
- **geozentrisches Weltbild** (Erde als Mittelpunkt des Universums) wird durch **heliozentrisches Weltbild** (Sonne als Zentrum) infrage gestellt, z. B. von Nikolaus Kopernikus und Galileo Galilei
- Gottesbild erhält in der Gestalt von Christus menschlichere Züge → Wandel vom mittelalterlichen unnahbaren Weltenherrscher zum irdischen Erlöser
- Entwicklung des **anthropozentrischen Weltbilds** (Mensch im Zentrum und Maß aller Dinge) als Ersatz für das theozentrische Weltbild (Gott im Zentrum)

Gesellschaft

- **Eroberung Konstantinopels** 1453 durch das Osmanische Reich = Ende des Byzantinischen Reichs → Verbreitung der **Wissenskultur der (griechischen) Antike** durch die Flucht griechischer und byzantinischer Gelehrter
- **wirtschaftlicher Aufschwung** in oberitalienischen Städten (Florenz, Mailand, Venedig) → Erstarken des wohlhabenden Bürgertums → Aufstieg einzelner Familien, z. B. der **Medici** in Florenz: Dominanz im Handel und Bankwesen, Förderung von Kunst und Kultur als wichtige **Mäzene**
- **Beginn der Reformation (1517)** mit Luthers 95 Thesen:
  - Kritik an der katholischen Kirche, besonders am **Ablasshandel** (= Erlass der Sündenstrafen gegen Geld, das u. a. zur Finanzierung des Neubaus des Petersdoms verwendet wurde → „Petersablass")
  - Forderung nach **Reform und Erneuerung der katholischen Kirche** → Entstehung einer neuen Konfession **(Protestantismus)**
- um 1500: große Macht der **Habsburger** in Europa, v. a. Karls V. (Kaiser des Heiligen Römischen Reichs deutscher Nation), ständige Auseinandersetzungen mit Frankreich (v. a. in Italien) → Plünderung Roms und seiner Kunstschätze durch kaiserliche Truppen (**Sacco di Roma**, 1527) → Flucht römischer Künstler und Verbreitung von Michelangelos Formensprache (Manierismus)
- **Spaltung** des Heiligen Römischen Reichs deutscher Nation **in Gegner** (u. a. Kaiser Karl V.) **und Unterstützer der Reformation** bis hin zu kriegerischen Auseinandersetzungen → Verständigung zwischen beiden Seiten im Augsburger Religionsfrieden (1555)

Kultur

- **Rückbesinnung auf die Kultur der Antike** (Wissenschaft, Kunst, Literatur, Philosophie): intensives Studium antiker Autoren durch den verstärkten Kontakt mit dem antiken Wissensgut (u. a. nach dem Fall Konstantinopels) → **Giorgio Vasari** nennt diese Rückbesinnung „Rinascità" (fr. „**Renaissance**", dt. „Wiedergeburt")
- **Manierismus** als Spätphase der Kunst (Begriff „maniera moderna" durch Vasari geprägt)
- zunehmende **wissenschaftliche Erfassung** der Welt und des Menschen (Anatomie) → Fülle an **Entdeckungen** und **Erfindungen** prägt die Epoche:
  - **mechanische Zeitmessung** (Verbesserung der Räder- und Taschenuhr) → Phänomen der Zeit wird exakt erfassbar
  - **Buchdruck mit beweglichen Lettern** (revolutionäre Erfindung von Johannes Gutenberg) → große Auswirkungen auf Verbreitung und Verfügbarkeit von Informationen
  - **Verbesserungen in der Seefahrt** (Kompass, Kartografie, Schiffbau, Segeltechnik) → spektakuläre **geografische Entdeckungen** (Seeweg nach Indien, „Entdeckung" Amerikas, Weltumsegelung) und somit zunehmende Eroberung und Europäisierung der Welt

Auf einen Blick

Architektur der Renaissance

- Rückbesinnung auf die Kunst der Antike (Formensprache, Baukonstruktion)
- Rückkehr zu architektonischen Grundformen, z. B. Würfel, Kugel, Zylinder
- Zentralbau mit Pendentifkuppel als Idealform
- Streben nach Vollkommenheit durch rationale Architekturtheorie (→ Mathematik), z. B. Goldener Schnitt
- Städtebau: math. Planung verändert die gewachsene Siedlung
- Profanbau (Palazzo) tritt gleichrangig neben dem Sakralbau auf

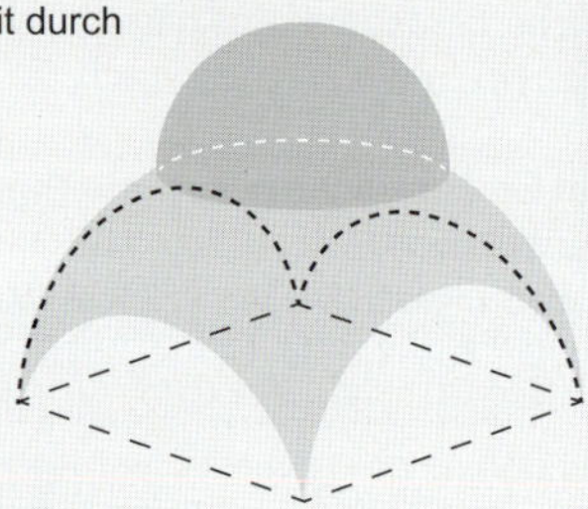

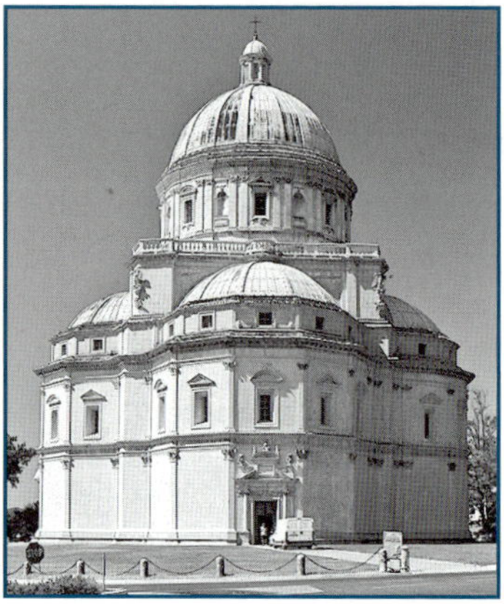

Santa Maria della Consolazione, Todi (Umbrien), 1508 beg.

Frührenaissance (ca. 1420–1500)

- schon in der Gotik Einfluss der **römischen Antike** auf italienische Baukunst, sog. **Protorenaissance** (Vorrenaissance, ca. 12.–14. Jhd.) → Beginn der Renaissance in **Italien** bereits im 15. Jhd. (nördlich der Alpen noch Spätgotik)
- **Florenz als Entstehungsort** der Frührenaissance (auch „Quattrocento" genannt, nach dt. Zählung 15. Jhd.)
- **namentlich bekannte Architekten** prägend für die stilgeschichtliche Entwicklung
- **Leon Battista Alberti** (erster rein entwerfender Architekt) analysiert antike Ruinen Roms und studiert Vitruvs Schriften
- **Filippo Brunelleschi:** Entdeckung der Prinzipien der **Zentralperspektive** und der Proportionslehre der Antike („**Goldener Schnitt**") beim Vermessen und Zeichnen antiker römischer Ruinen → Harmonie der Proportion und Maßverhältnisse wird zum Ideal:
  - *Domkuppel von S. Maria del Fiore*, Florenz, 1418–1434: Ansatz der Kuppelwölbung verhält sich zur Gesamthöhe im **Goldenen Schnitt**, aber noch gotisch beeinflusstes Rippengewölbe
  - *Findelhaus Ospedale degli innocenti*, Florenz, 1419–1427: Verwendung von **Bauelementen der Antike** (z. B. Rundbogen, Säule), Bruch mit gotischer Vorliebe für Vertikale durch horizontales Gebälk, das von Arkade aus Rundbögen und Säulen mit korinthischem Kapitell getragen wird
  - *S. Lorenzo*, Florenz, 1418–1429: *Alte Sakristei* als erster **überkuppelter Zentralbau** (= Kreis, Quadrat oder Vieleck als Grundriss) → entspricht **Ideal von Harmonie und Proportion, Hinwendung zur Antike** besonders deutlich erkennbar
- Nachwirken des Spätmittelalters im **Profanbau** (Palazzo): rechteckiger Grundriss, blockhafte Gestalt, **Rustizierung** (= meist aufgeraute Oberfläche mit starken Bändern und Fugen) der Fassade; neu: Dreigeschossigkeit, ausgewogene Gliederung durch horizontale und vertikale Elemente, **antike Architekturelemente** zur Dekoration der Fassade (z. B. klassische Säulenordnung bei Pilastern, rundbogengekrönte Fenster), z. B. *Palazzo Rucellai*, Florenz, um 1450

- **Konflikt im Sakralbau** zwischen Gestalt (Zentralbau als Ideal) und Funktion (liturgische Anforderungen): Versuch der Vermittlung durch Verbindung aus Zentralbau (Ostteil) und Langhausbau, z. B. *S. Andreas*, Mantua, um 1471 beg.: Umwandlung der Seitenschiffe in **Wandpfeilerkapellen** → wegweisend für Spätrenaissance und Barock

Hochrenaissance (ca. 1500–1520/30)

- **Rom als Zentrum** dieser kurzen Phase: **Donato Bramante** als führender Architekt, z. B.:
  - *Tempietto di Bramante*, San Pietro, Rom, um 1500: tempelartiges Denkmal als zweigeschossiger Rundbau mit den Proportionen des **Goldenen Schnitts, harmonische Ausgewogenheit** im Zusammenspiel aller Teile, **Zentralbau** mit Säulenumgang und abschließender Kuppel → richtungsweisend als Bauideal
  - Entwurf für den *Neubau von St. Peter*, Rom/Vatikan, 1506: **Zentralbau** mit bekrönender **Kuppel** und **griechischem Kreuz** als Grundriss (Verzögerung der Ausführung durch Bramantes Tod)
- weiterer typischer Bau: *Santa Maria della Consolazione*, Todi (Umbrien), u. a. von Cola (di Matteuccio) da Caprarola, 1508 beg.: **Zentralbau mit griechischem Kreuz** als Grundriss, polygonale Apsiden und halbrunde Apsis, Tambour (= Verbindungselement zwischen Kuppel und Baukörper) mit **zentraler Kuppel** (Pendentifkuppel) → als Idealbau richtungsweisend

Spätrenaissance/Manierismus (ca. 1520/30–1600)

- Merkmale des **Manierismus** (Begriff ursprünglich für Michelangelos Spätstil verwendet):
  - **Übersteigerung und Auflösung der Ideale** (Disharmonie, Kontraste)
  - Auflösung des Prinzips von Tragen und Lasten (z. B. lastende Elemente ohne Stützen), Überschneidung von Architekturelementen (Giebel überschneidet z. B. links und rechts die Säulen), Architekturteile ohne statische Funktion (z. B. „Wandsäulen"), z. B. *Vorhalle der Biblioteca Laurenziana*, S. Lorenzo, Florenz, von Michelangelo, 1524 beg.
  - **perspektivische Raumflucht:** Erzeugen von Raumtiefe und Aufgreifen der Entdeckung des Raums durch **Korridorlangbauten**, z. B. *Uffizien*, Florenz, von Giorgio Vasari, um 1560
- **Andrea Palladio** als wichtigster Architekturtheoretiker der Epoche (später Einfluss auf das 17. Jhd. → „Palladianismus"), Hauptkennzeichen: **Portikus** (= Säulenhalle als Vorbau), **Kolossalordnung** (= Säulenordnung geht über mind. zwei Geschosse), **Palladio-Motiv** (= dreiteilige Wandöffnung, deren höherer Mittelteil von einem Rundbogen überspannt ist), z. B. *Villa Rotonda*, Vicenza, um 1567–1591: fast völlig symmetrischer Zentralbau, axial kreuzende aufeinanderfolgende Räume mit zentralem Kuppelraum, harmonisch ausgewogene Proportionen, inszenierende Repräsentation wichtiger als der Nutzen
- ab Beginn des 16. Jhds. zunehmende **Verbreitung** des Renaissancestils **nach Norden** (Deutschland, Frankreich, Niederlande, England), aber keine eigenständige Ausbildung einer Renaissancearchitektur, häufig **Vermischung der Stilelemente** der Epoche **mit gotischen Formen**
- **Süddeutschland: Manierismus** wird beherrschend **im Schloss- und Kirchenbau** (spätes 16./Anfang 17. Jhd.), Rezeption der ital. Renaissance für Grundrisskonzeption (Wandpfeilerkirche) und Raumgestaltung, dabei Fortwirken der spätgotischen Tradition (Kleinteiligkeit, Höhenstreben), z. B. *St. Michael*, München, um 1583 beg.: Anlehnung an die jesuitische Mutterkirche *Il Gesù*, Rom, 1568 beg., tonnengewölbtes Langhaus und Chor, kannelierte Pilaster, betont profiliertes Gesims, Kassettierung der Gewölbe

Auf einen Blick

Malerei der Renaissance

- Verwendung von Ölfarben auf Leinwand
- Aufblühen der Freskomalerei
- Porträtmalerei als eigenes Genre
- Raumillusion durch Zentral-, Luft- und Farbperspektive
- Interesse an der Natur und der Abbildung der Wirklichkeit
- Landschaft als Hintergrund im Bild
- Einbindung unscheinbarer Gegenstände ins Bild
- Darstellung abstrakter Ideen durch Allegorien

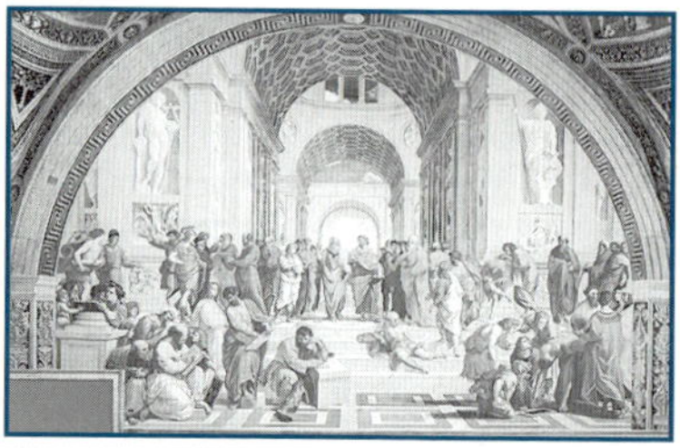

Die Schule von Athen, Vatikan, von Raffael, um 1510

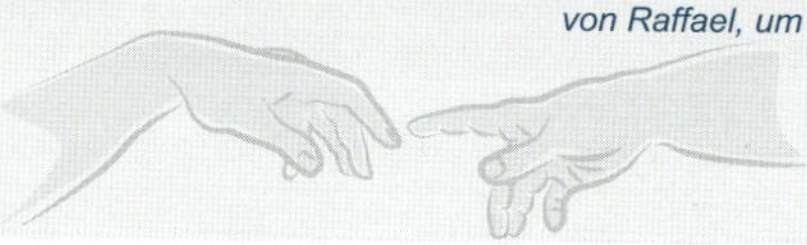

Frührenaissance (ca. 1420–1500)

Italien

- **Zentrum** der Frührenaissancemalerei in **Italien**, v. a. in Florenz, Siena, Pisa, Arezzo
- **prägende Kennzeichen** am Beispiel von **Masaccios** (= Begründer der Frührenaissancemalerei) *Dreifaltigkeitsfreskos*, S. Maria Novella, Florenz, um 1425: mathematisch exakte perspektivische Darstellung einer **Scheinarchitektur** (erstmals seit der Antike), Abstimmung der Perspektive auf die Augenhöhe der Betrachter*innen, überzeugende Plastizität durch **korrekte Lichtführung**, Größe der Figuren an die Position im Raum angepasst
- **perspektivisch konstruierte Landschafts- und Architekturräume**, monumental wirkende, durch feine Tonabstufung modellierte Figuren, z. B. *Freskenzyklus* in San Francesco, Arezzo, von Piero della Francesca, um 1452–59
- Entwicklung der **Porträtmalerei** zur eigenständigen Bildgattung, v. a. Bildnisse im Profil

Niederlande/Flandern/Holland

- Malerei mit starkem **Drang zum Realismus**, deutlicher Unterschied zur ital. Renaissance: Erfassung und Darstellung des Raums mittels Beobachtung statt durch exakte Konstruktion
- **Weiterentwicklung der Öl-/Temperatechnik**, welche feinste Farbabstufungen ermöglicht **(Illusionismus)**, z. B. Jan van Eyck, Rogier van der Weyden

Hochrenaissance (ca. 1500–1520/30)

Italien

- **wichtigste Merkmale:** Entdeckung der **Luftperspektive** (Raumtiefe durch Unschärfe, Auflösung der Kontur), Raumbildung durch Verblauung **(Farbperspektive)**, Anerkennung und Entwicklung der **Porträtmalerei als eigenständige Bildgattung**
- weitere Merkmale anhand bedeutender **Künstler und Werke:**
  - **Leonardo da Vinci** als beispielhaftes **Universalgenie** (u. a. Maler, Bildhauer, Architekt, Erfinder), z. B. *Anna selbdritt*, um 1503: ausgewogene Anordnung der Figuren (z. B. Figurenpyramide), Anwendung der Luftperspektive und der Technik des **„sfumato“** (= verschwommene Kontur), erste **Hell-Dunkel-Malerei** („chiaroscuro“) → wegweisend für Barock

- **Raffael** (Santi), z. B. *Die Schule von Athen*, Fresko in den Stanzen im Vatikan, um 1510: vielschichtig gemalte, die antike Architektur zitierende Raumperspektive
- **Tizian**, z. B. *Mariä Himmelfahrt*, um 1518: ausgesprochen dynamische Komposition, Ausnutzung der Kontrastwirkung in der Farbgebung (z. B. Warm/Kalt, Hell/Dunkel), dramatische **Inszenierung durch die Lichtführung**, extreme Perspektive (tiefliegender Fluchtpunkt)

Deutschland

- **späte Übernahme der Renaissance:** intensive Auseinandersetzung mit der Stilepoche (Denken, formale Neuerungen) erst durch Impulse aus Italien
- nachhaltiger Einfluss von **Albrecht Dürer** („Dürerzeit") auf die **Kunst nördlich der Alpen** aufgrund seines umfangreichen Wirkens, z. B. durch die **Etablierung neuer Kunstformen:**
  - **Selbstbildnisse**, z. B. *Selbstbildnis mit Landschaft*, 1498: Dreiviertelansicht vor Fensteröffnung mit **Blick auf Landschaftsraum, bildbeherrschende Pose** (Stolz), **Künstlersignatur** (Monogramm) → Verweis auf das neue Selbstbewusstsein als schöpferischer Künstler
  - **Zeichnungen und Druckgrafiken**, z. B. *Adam und Eva*, Kupferstich, 1504: Figurenideal der Renaissance, Urbilder der **Schönheit menschlicher Körper**

Spätrenaissance/Manierismus (ca. 1520/30–1600)

Italien

- **Verlassen der Ideale der Renaissance**, stattdessen Entwicklung individuell geprägter Gestaltungen, z. B.: Vorliebe für **verrätselte und allegorische Bildinhalte**, **überdehnte Proportionen**, betont **auffällige Raumkonstruktion**, spielerisch verwendete Perspektive (Anamorphose), **optische Täuschungen** („trompe l'oeil")
- erkennbar im **Spätwerk** von **Michelangelo**, z. B. *Jüngstes Gericht*, Sixtinische Kapelle, Vatikan/Rom, 1536–1541: starke **Dynamik** der Komposition durch **übersteigerte Bewegungsdarstellung** aller Figuren, übertrieben plastisch modellierte nackte Leiber, z. T. **übersteigert wirkende Körperhaltungen**, Ausdruckskraft durch Sichtbarmachung innerer Spannungen
- weitere ausgewählte Künstler und ihre spezifischen Besonderheiten:
  - **Parmigianino**, z. B. *Madonna mit dem langen Hals*, um 1535: **überlang gestreckte Glieder**, labile asymmetrische Komposition, **theatralisch eingesetztes Licht**
  - **Agnolo Bronzino**, z. B. *Allegorie der Liebe*, vor 1550: **demonstrative Nacktheit der Körper**, schwer zu entschlüsselnder Bildinhalt, verwirrend wirkende Bildfülle
  - **Tintoretto**, z. B. *Die Bergung des Leichnams des hl. Markus*, 1562–1566: inszeniert wirkende Handlung vor **kulissenhafter Raumtiefe** einer Straßenflucht, durch Bildrand kühn angeschnittene Figuren, **fahle düstere Farbigkeit**

Nördlich der Alpen

- **Albrecht Altdorfer**, z. B. *Alexanderschlacht*, 1529 → deutlich veränderte Gestaltungsmerkmale der späten Renaissance: unendlich tief erscheinende Landschaft durch Ausnutzung zahlreicher raumbildender Mittel, Idealisierung historischer Gegebenheiten
- **Hans Holbein d. J.** als wichtigster Porträtmaler der Zeit, z. B. *Heinrich VIII.*, um 1536/37
- Einflüsse der Renaissance im 16. Jhd. spürbar, Verbreitung des Spätstils durch einzelne Maler („**Romanisten**", Lukasgilde Antwerpen), z. B. Jan Gossaert, Maarten van Heemskerck
- Entwicklung des neuen **Bildtypus „Küchenstück"** (Vorläufer der Stilllebenmalerei), z. B. *Christus im Haus von Maria und Martha*, von **Pieter Aertsen**, 1552

Auf einen Blick

Plastik der Renaissance

- Befreiung der Figuren aus der architektonischen Bindung
- Anknüpfung an die Antike durch Bevorzugung der Freiplastik im öffentlichen Raum
- Nacktheit als Ausdruck idealer Vollkommenheit und Schönheit
- harmonische Vollkommenheit durch anatomische Studien und Beachtung math. Gesetze (Kanon)
- Kontrapost im Standmotiv
- Steigerung der Ponderation in der Spätphase („Figura serpentinata")
- Anwendung perspektivischer Regeln bei der Reliefkunst

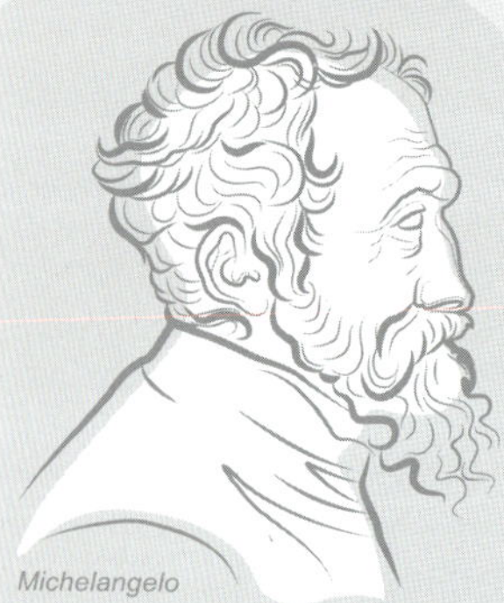

Michelangelo

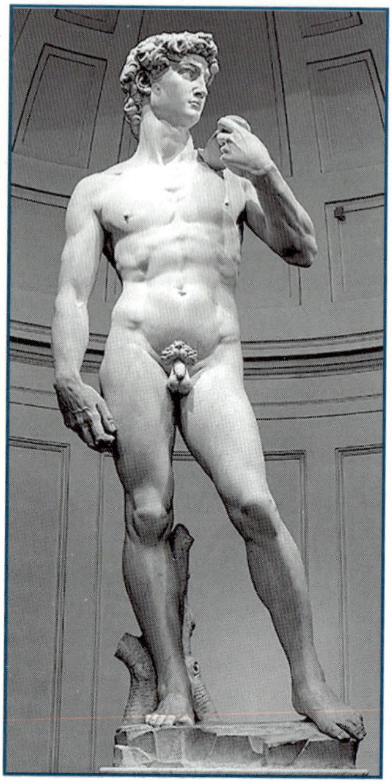

David, von Michelangelo Buonarotti, 1501

Frührenaissance (ca. 1420–1500)

- Anlehnung an **Vorbilder der Antike** schon im 13. Jhd. (Protorenaissance), z. B. *Figuren der Kanzel im Baptisterium*, Pisa, von Niccolò Pisano, um 1260: Verwendung des **Kontraposts**
- Entwicklung der Plastik der Früh- und Hochrenaissance überwiegend in **Italien**
- **Wettbewerbe** zu verschiedenen Gestaltungsaufgaben von wohlhabenden Familien in den **italienischen Stadtstaaten** (z. B. Florenz) → Teilnahme zahlreicher namhafter Künstler:
  - **Lorenzo Ghiberti**, *Türflügel des Baptisteriums*, Florenz, 1403–1423: starke **plastische Hervorhebung** der Figuren mit **perspektivischer Größenabnahme** und Verkürzung, **Dramaturgie** in der Handlung
  - **Donatello** (Ghibertis Schüler), *David*, um 1444: lebensgroße Bronzestatue, erste **freistehende Aktfigur** seit der Antike, anatomische Darstellung des Körpers, klassischer **Kontrapost**, **dynamische Ponderation** (= optische Ausgewichtung) der Volumina, Spannungsverhältnis von Ruhe und Bewegung, Erfassung der **Persönlichkeit** (Gesichtsausdruck)
  - **Andrea del Verrocchio**, *Reiterstandbild des Heerführers Colleoni*, Venedig, um 1480 → Anknüpfung an die römische Antike: lebensgroße Bronzestatue, Charakterisierung eines **Typus** („Anführer"), Lebendigkeit durch differenzierte Plastizität und naturalistische Wiedergabe

Hochrenaissance (ca. 1500–1520/30)

- Einfluss auf **Michelangelo Buonarotti** (dominierender Künstler dieser Epoche) durch bedeutende **Funde antiker Skulpturen** in Italien (z. B. *Apollo von Belvedere, Laokoongruppe*)
- Auswahl einiger **wichtiger Werke Michelangelos:**
  - *Pietà*, Petersdom (Rom), 1498: **pyramidale Komposition**, dominierende Mariengestalt, **anatomisch detailliert** ausgeführter Leichnam Christi (Kenntnisse durch Anatomiestudien), scheinbare Verwandlung des Marmors in eine organisch wirkende Gestalt
  - *David*, Marmorstatue, 1501: jugendlich **athletische Erscheinung** trotz **kolossaler Dimension** (517 cm), **Nacktheit** als Ausdruck idealer Vollkommenheit und Schönheit des Menschen, mathematisch begründete Maßverhältnisse (Kanon) ⟶ sinnbildhaft für die Renaissance
- **Deutschland:** Entstehung erster Renaissanceplastiken, z. B. *Artus* (am Grabmal Kaiser Maximilians I.), Bronzestatue von Peter Vischer d. Ä., um 1513: überlebensgroße **idealisierte Gestalt** des Ritters im Kontrapost, detailreiche Wiedergabe der reich verzierten Rüstung

Spätrenaissance/Manierismus (ca. 1520/30–1600)

Italien

- Verlassen der Gestaltungsregeln der Hochrenaissance, z. B.:
  - **Übersteigerung** der Proportionen bis hin zur **Deformation**
  - **Rundumansicht** und **Bewegungsdynamik** (Komposition)
  - Wandel des Kontraposts zur „**Figura serpentinata**" (= schraubenförmig gewundene Körperhaltung)
- Beispiele:
  - *Der Sieger* (261 cm hohe Figurengruppe), von **Michelangelo**, um 1532: **Bewegung der Körper** im Raum trotz vorhandener Hauptansicht, Umschreiten bei der Betrachtung notwendig ⟶ Ankündigung der „Figura serpentinata" als Idealform
  - *Raub der Sabinerin*, von **Giovanni da Bologna**, um 1583: **Paradebeispiel einer „Figura serpentinata"**, drei Figuren in unterschiedlichen Positionen, Verzicht auf eine Hauptansicht, Verbindung der Figuren durch schraubende Bewegungsdynamik, wechselnde Wahrnehmung als Gestaltungsabsicht
  - *Perseus*, von **Benvenuto Cellini**, 1554: schonungslose Schilderung des Augenblicks, gleichzeitige Präsentation von Faszinierendem (muskulöser Körper) und Abstoßendem (abgeschlagenes Haupt)

Deutschland

- starke Orientierung an italienischen Vorbildern (süddeutsche Bildhauer), z. B.:
  - *Tugendbrunnen* in Nürnberg, von **Benedikt Wurzelbauer**, um 1585: Bronzeguss einer **dreistufigen Figurenpyramide, überlängte Proportionen**, Übersteigerung in der Bewegung und Gestik
  - *Hl. Michael* (Fassadenfigur St. Michael, München), von **Hubert Gerhard**, um 1588: als Nischenfigur stark in den Raum tretend, überlebensgroß, **dramatisch inszeniert**, Dominanz der wild zerklüfteten Gewandfalten

Auf einen Blick

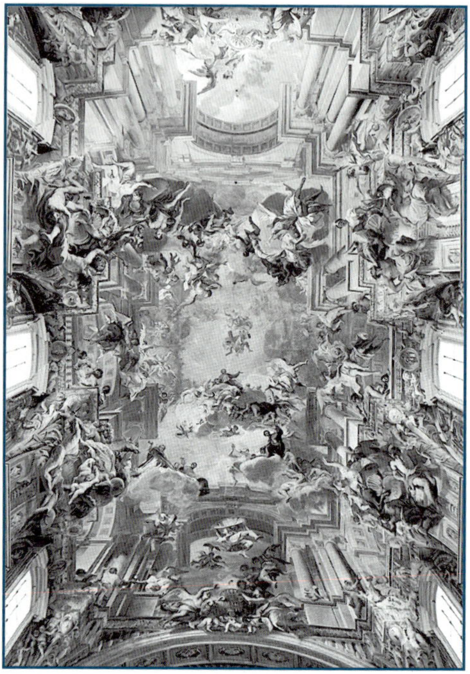

Deckenfresko in Sant'Ignazio, von Andrea Pozzo, Rom, um 1690

Weltbild

- weiterhin christlicher Glaube an die Allmacht Gottes
- Bewusstsein über Vergänglichkeit („vanitas") und Gewissheit des Todes („memento mori") → Leitgedanke „Nutze den Tag" („carpe diem")
- Entwicklung von Weltbejahung und Lebensfreude ↔ Bemühung um gottgefälliges Leben

Gesellschaft

- Ständegesellschaft und Absolutismus
- französischer König als Vorbild für Fürsten in Europa
- Glaubensspaltung → Dreißigjähriger Krieg, Verwüstung Mitteleuropas
- gravierende Auswirkungen auf Bevölkerung und Wirtschaft durch Klimaveränderung (Kleine Eiszeit), Pestepidemien, Kriege
- Niederlande werden bedeutende See- und Wirtschaftsmacht

Kultur

- Gegenreformation als wichtiger Faktor der kulturellen Entfaltung (Repräsentationskunst)
- Weiterentwicklung der Musik: neue Ausdrucksformen und Instrumente
- Bereicherung der Opern- und Theateraufführungen durch Erfindung der Kulissenbühne
- Erweiterung des Wissens durch Entdeckungen in den Naturwissenschaften

Weltbild

- weiterhin **allgegenwärtig** und umfassend bestimmend: **christlicher Glaube** an allmächtigen Gott (Schöpfer der Welt), **irdisches Schicksal** des Menschen als gottgewollte **Prüfung** → Aussicht auf Weiterleben im Paradies
- sich rasch wandelndes Weltgeschehen mit ständigen Gefahren → besondere Präsenz der eigenen **Vergänglichkeit** („**vanitas**“, dt. „leerer Schein, Nichtigkeit, Eitelkeit“) und der Gewissheit des bevorstehenden Todes („**memento mori**“, dt. „Gedenke des Todes“):
  → Leitgedanke **„carpe diem“** (dt. „Nutze den Tag“), im Sinne eines gottesfürchtigen Lebens
  → weltbejahende Haltung aufgrund der kurzen Spanne des irdischen Daseins
  → Sinnesfreude und Genuss des Lebens
- Vergegenwärtigung des unwiederbringlichen Ablaufs des Lebens durch Messung der Zeit (Uhr)

Gesellschaft

- weiterhin Einteilung der Gesellschaft in Herrschende und Untergebene **(Ständegesellschaft)**
- Entstehung des **Absolutismus in Frankreich:** Verschärfung der sozialen Unterschiede und Entmachtung des Adels zugunsten des Alleinherrschers Ludwig XIV. → Regierungs- und Lebensstil vorbildhaft für zahlreiche Fürstentümer des Heiligen Römischen Reichs Deutscher Nation
- **Gegenreformation** (Rekatholisierung) als Reaktion auf die Reformation → anhaltende Kriege
- 1534 gegründeter **Jesuitenorden** als Vorreiter der Gegenreformation
- durch **Glaubensspaltung** ausgelöster **Dreißigjähriger Krieg** (1618–1648) → Verwüstung Mitteleuropas, Neujustierung des Machtsystems zwischen Kaiser und Reichsständen
- massives Leid der Bevölkerung durch **kriegerische Auseinandersetzungen** und **Seuchen** (Pest) → zahlreiche Todesopfer, beträchtliches Absinken der Wirtschaftskraft
- Verschlechterung der Landwirtschaft durch **Klimaveränderung** (Kleine Eiszeit)
- Höhepunkt der **Hexenverfolgung** zwischen 1550 und 1650
- Entwicklung der Republik der **Vereinigten Niederlande** zur bedeutenden **See-Handelsmacht** (Kolonien) → kulturelle und wirtschaftliche Blüte („**Goldenes Zeitalter**“)

Kultur

- **Begriff „Barock“** (vom portugiesischen „barroco“ = „unregelmäßige Perle“): anfangs abwertend für überladen wirkende Formen der Epoche, erst ab Mitte des 19. Jhds. positiv; Bezeichnung der Spätphase in Deutschland und Frankreich auch als **Rokoko** (ab ca. 1720)
- Entdeckung der Gravitation (Galilei, Newton) und der Natur des Lichts durch die Wissenschaft
- **Gegenreformation** als Motor der barocken Kultur durch eindrucksvolle **Repräsentationskunst** (Prachtentfaltung, Sinnlichkeit, verschwenderische Fülle)
- 1648 in Paris gegründete **Kunstakademie** prägend für Entwicklung der französischen Kunst
- **Gesamtkunstwerk** als Verschmelzung von Raum, Plastik, Malerei, Musik, Dichtkunst usw.
- Musik: Bassstimme und Wechselspiel von Solo und Orchester als wichtige Gestaltungsmittel, Tongeschlechter Dur und Moll als Ersatz für das bisherige Kirchentonsystem → Ausdruck von Gegensätzen und Spannung
- Förderung des Theater- und Opernwesens durch Einführung der Kulissenbühne mit Vorhang und größer gestaltetem Zuschauerraum

Auf einen Blick

Architektur des Barocks

- Abkehr von der strengen Ordnung der Renaissance:
  - Verbindung von Langhaus mit Zentralbau
  - z. T. Wegfall der Seitenschiffe
  - Verschmelzung der Gewölbe mittels Durchdringung
- Wandpfeilerkirche statt Basilika als Bautyp
- Dynamik durch geschwungene Formen (konvex/konkav) im Grund- und Aufriss
- Verselbstständigung der Fassade
- Konstruktion verschwindet hinter äußerer Verblendung
- dekorative Bauelemente mit vorgetäuschter konstruktiver Funktion (z. B. Scheinstützen der Kolossalordnung)
- Aufhebung der Grenzen zwischen Architektur, Plastik und Malerei → dynamisches Gesamtkunstwerk

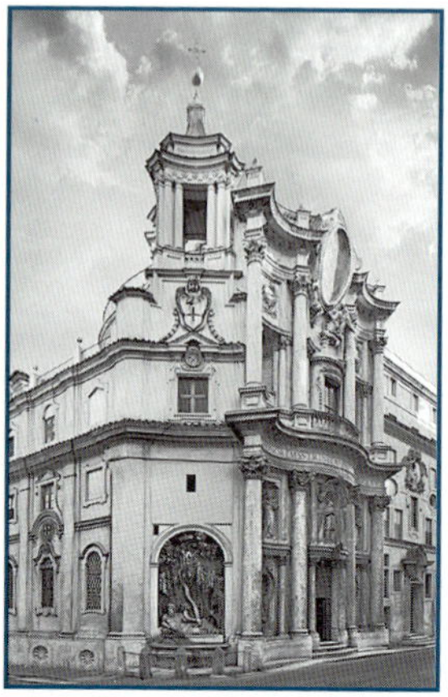

S. Carlo alle quattro fontane, Rom, 1638–1677

Frühbarock (ca. 1600–1630)

Italien

- **Rom** als **Entstehungsort** der neuen Stilepoche
- *Il Gesù* (erste Jesuitenkirche), Rom, von Giacomo Vignola, um 1586 als erste Barockkirche, neu:
  - **Verbindung** von kuppelgekröntem **Zentralbau** mit **tonnengewölbtem Langhaus**
  - Ausbildung von Nischenkapellen statt Seitenschiffen
  - Querschiff unter der Kuppel nur schwach angedeutet
  - **Prachtentfaltung im Innenraum als Folge der Gegenreformation:** Stuckaturen, Plastiken, Deckengemälde → vorbildhaft und prägend für die Folgezeit
  - um 1573 Baubeginn der zweigeschossigen Fassade durch Giacomo della Porta: plastisch gegliederte **Schauwand, Doppelpilaster**, stark profiliertes **Scheingebälk**, Portal mit vorgestellten **Halbsäulen korinthischer Ordnung, Voluten** als Verbindungselement zwischen den Langhausgiebeln und dem Trakt der Kapellennischen
- **Weiterentwicklung der frühbarocken Schauseite** mit der Fassade von *S. Susanna* (Rom) durch Carlo Maderno, 1603: **stark plastisch geformt** durch Pilaster, **vorgestellte Säulen**, profiliertes Gebälk, **fensterartige Figurennischen**, neu: **bekrönende Giebel** im Mittelteil, **ansteigende Balustrade** als Abschluss

Deutschland (1660–1680)

- Hemmung der Bautätigkeit und der Ausbreitung des Barocks durch **Dreißigjährigen Krieg**
- **Mangel an Fachleuten** in Süddeutschland → Vergabe des Bauauftrags der sog. *Theatinerkirche* in München, 1663 beg., an ital. Architekten (erst Agostino Barelli, dann Enrico Zuccalli): Raumbildung nach **röm. Vorbild** (*Il Gesù*, S. Andrea della Valle), stärkere plastische Durchbildung des Wandaufbaus im Inneren (Halbsäulen statt Pilaster), Fassade mit Flankentürmen

Hochbarock (ca. 1630–1680)

Italien

- Steigerung der architektonischen Formentwicklung mit dem Bau von *S. Carlo alle quattro fontane*, Rom, von Francesco Borromini,1638–1677:
  - **ovaler Grundriss** als Verschmelzung von Langhaus und Zentralbau
  - **elliptische Kuppel** mit abschließender Laterne (= turmartiger Aufsatz über Kuppelöffnung)
  - **schwingender Eindruck** im Innenraum durch vortretende Säulen und **konkave Nischen** → Auflösung der Wand als Mauerfläche
  - Fortsetzung der **Wellenbewegung** des Innenraums (konvex/konkav) in der **Fassade**
  - **Kolossalordnung** (= Säulen überspannen mehrere Geschosse)
  - Verbindung der Architektur mit **Symbolik** bei *Sant' Ivo alla Sapienza* (Universitätskapelle) von Borromini, 1643 beg., z. B. gleichseitiges Dreieck als Grundriss → Dreifaltigkeit

Frankreich

- großer Unterschied zur italienischen Architektur → „**Barock-Klassizismus**" (Orientierung an **klassischen Formen der Antike**): Verzicht auf die starke Dynamik von konvexen/konkaven Formen, **Streben nach strenger Regel** durch klare Formen und Betonung der Symmetrie
- **Profanbau** als Ausdruck des **absoluten Machtanspruchs** des Königs → französische **Schlossarchitektur als Vorbild** in Europa: symmetrisches Gebäude mit betontem Mittelteil, „Ehrenhof" zur Stadtseite durch Seitenflügel gebildet, **Gartenfassade** und Park auf anderer Seite, z. B. *Schloss in Maisons-Laffitte*, von François Mansart, 1642–1651

Spätbarock / Rokoko (ca. 1680–1770)

Frankreich

- Auflösung der strengen klassisch-antiken Formensprache in der Übergangszeit
- zunehmende Bedeutung des exklusiv ausgestatteten **Stadthauses (hôtel)** durch Rückverlagerung des Hofstaats nach Paris, z. B. *Hôtel Soubise*, von German Boffrand, um 1735–1740: Bevorzugung **leichter, stark asymmetrischer Zierformen aus vergoldetem Stuck**
- Entstehung einer **epochenprägenden Wortschöpfung** → „**rocaille**" (frz. „Muschelwerk")
- **Verwischung der Grenzen zwischen Realität und Schein** („Illusionismus") durch Spiegelfelder, Deckenfresken, Rocaillen und raumhohe Fenster

Deutschland

- verstärkte Bautätigkeit (Kirchen-, Schlossbau) durch Nachwirkungen des Dreißigjährigen Kriegs
- vor allem **in Süddeutschland eigenständige Stilentwicklung** („Süddeutscher Spätbarock"):
  - **Tendenz zur völligen Verschmelzung** von Längs- und Zentralraum → **ovaler** Kernraum
  - **kulissenartige Raumausstattung**
  - konstruktive Elemente unter verbindendem Stuckdekor („Rocaille") verborgen
  - **Aufhebung der Grenzen zwischen Realität und Illusion**
- **Kirchenbau**, z. B. *St. Georg*, Weltenburg, von den Brüdern Cosmas Damian Asam und Egid Quirin Asam, 1716 beg.: Langhaus mit **integriertem Zentralraum**, durch Nischen zu Oval gerundet, überwölbt von einer ovalen, mit **Fensterkranz versehenen Kuppel**
- **Schlossbau**, z. B. *Schloss Sanssouci*, Potsdam, von Georg Wenzeslaus von Knobelsdorff, 1745–1747: als **Rückzugsort** konzipiert, auf die Gartenanlage bezogener, eingeschossiger Bau mit **zentralem, überkuppeltem Ovalraum**, Innenausstattung nach **französischem Vorbild**

Auf einen Blick

Malerei des Barocks

- Wand-/Deckenmalerei als wichtige Bestandteile des architektonischen Gesamtwerkes
- Illusionismus in der Tafelmalerei
- Verbreitung der Ölmalerei auf Leinwand
- starke Licht-Schatten-Kontraste („chiaroscuro")
- Bewegung als Mittel der Bildinszenierung: Körperhaltung und Gestik, seelische Ergriffenheit, Emotion
- Entstehung neuer Bildgattungen, z. B. Interieur, Genre, Porträt, Stillleben, Landschaft

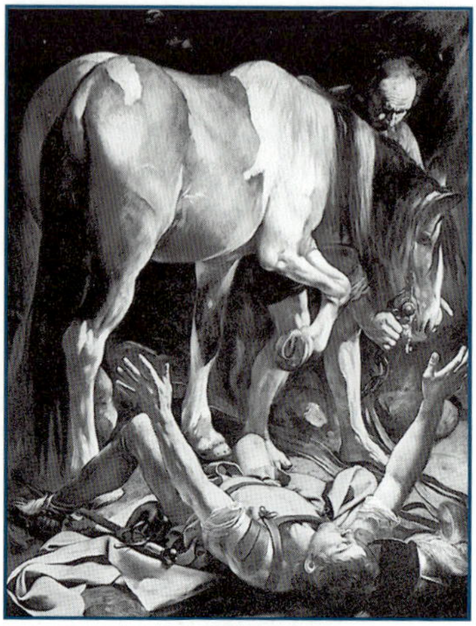

Bekehrung des Saulus/Paulus, von Caravaggio, 1601

Frühbarock (ca. 1600–1630)

Italien

- Tafelmalerei durch **illusionistische Wiedergabe** der Realität gekennzeichnet
- **Caravaggio** (Michelangelo Merisi) prägt die Epoche deutlich („Caravaggisten"): Licht als kompositorisches Mittel (**„chiaroscuro"** = hell-dunkel), tiefer Fluchtpunkt, **stark verkürzte Perspektive, Momenthaftigkeit** des Geschehens, z. B. *Bekehrung des Saulus/Paulus*, 1601
- **Annibale Carracci:** erstmals Verbindung von Figur und **idealer Landschaft**, z. B. *Flucht nach Ägypten*, um 1603 → Einfluss auf **Landschaftsmalerei** (Poussin, Lorrain)

Niederlande

- **Flandern** (südliche Niederlande): Peter Paul **Rubens** als prägendster Künstler der Zeit → **stilbildend für die Epoche: dynamische Diagonalkomposition**, durch Kraft geprägte Bewegungsrichtungen, dramaturgisch eingesetzte **Hell-Dunkel-Kontraste**, subtil **verschlüsselte inhaltliche Bedeutung**, z. B. *Der Raub der Töchter des Leukippos*, um 1618
- **Themen** der Malerei **im protestantischen Norden** (im Gegensatz zum katholischen Süden) vom **Bürgertum** beeinflusst
- **Holland** (nördliche Niederlande): **Rembrandt** Harmenszoon van Rijn (gefragter Porträtmaler), z. B. *Jugendliches Selbstbildnis*, 1629: nah wirkender Bildausschnitt, **eigenwillige Lichtführung** (Gesicht im Schatten), kräftiger, modellierender Pinselduktus, evtl. eine Ausdrucksstudie (Tronie)

Hochbarock (ca. 1630–1680)

Italien

- **Verschmelzung von Architektur und Deckenmalerei**, Auflösung von Raumgrenzen, perfekter **Illusionismus** → Scheinarchitektur, z. B. *Deckenfresken im Palazzo Barberini*, von Pietro da Cortona, Rom, 1633–1639
- optisches Erlebnis einer erweiterten Wahrnehmung (Schein und Wirklichkeit) zur Unterstützung des Glaubens eingesetzt, z. B. *Deckenfresko in Sant'Ignazio*, von Andrea Pozzo, Rom, um 1690

Niederlande

- **Flandern** (südliche Niederlande): Rubens als bedeutender Künstler, weitere Meister in verschiedenen **Bildgattungen** (Stillleben, bäuerliches Genre, Landschaftsmalerei) tätig, z. B. *Der bittere Trank*, von Adriaen Brouwer, um 1636; *Stillleben mit Fleischkorb*, von Frans Snyder, um 1640
- **Holland** (nördliche Niederlande): Interesse des **Bürgertums** an Kunstwerken (aufblühender Kunstmarkt), Geschmack und Bedürfnisse der **neuen Käuferschicht** an Fülle der Themenbereiche erkennbar → Porträt, Landschaft, Seestück, Stillleben, Genre, Interieur, z. B.:
  - *Mühle von Wijk bei Duurstede* (Landschaftsbild), von Jacob van Ruisdael, um 1670: malerisch erzeugte **Raumtiefe, kontrastreiche Stimmung**
  - *Vanitas-Stillleben*, von Pieter Claesz, 1630: **Symbole der Vergänglichkeit, Allegorie** einer skeptischen Sicht (Nichtigkeit des Lebens)

Frankreich

- Ordnung, Klarheit und Perfektion als wesentliche Prinzipien der königlichen **Akademie** (1648), z. B. Unterordnung der Farbe zugunsten der Komposition und Linie
- **Nicolas Poussin** und **Claude Lorrain** entziehen sich der Strenge des französischen Akademismus durch ihre Arbeit in Rom: Szenen vor **idyllischer Landschaft**, idealisierte **Figuren in klassischer Haltung, Harmonie** zwischen Mensch, Natur und Geschehen, z. B. *Arkadische Hirten*, von Nicolas Poussin, um 1640; *Die Verstoßung der Hagar*, von Claude Lorrain, 1668

Spanien

- bildende Kunst im überwiegend katholischen Land durch **Gegenreformation** beherrscht → **Kirche und Hof als wichtigste Auftraggeber**
- Beispiel: *Die Hoffräulein*, von Diego (Rodriguez de Silva y) Velázquez, 1656

Spätbarock / Rokoko (ca. 1680–1770)

- **Italien: Venedig** als ein **Zentrum** der Malerei, neue Blüte der Decken- und Wandfresken: kühle, **hell leuchtende Farbigkeit**, Illusion von Durchsichtigkeit (Transparenz), **schwerelose Wirkung** der Figuren, z. B. *Geschichte von Antonius und Kleopatra* (Freskenzyklus im Palazzo Labia in Venedig), von Giovanni Battista Tiepolo, 1746–1747
- **Frankreich:** Darstellung **höfischer Feste** („fètes galantes") als **neues Genre** der Malerei, Themenwelt zunehmend von **Sinnlichkeit und Erotik** bestimmt, Figuren von **anmutiger Eleganz** (wie Porzellanfiguren), **zarte, pastellige Farbigkeit**, z. B.:
  - *Die Einschiffung nach Kythera*, von Jean-Antoine Watteau, 1717: **mythologische Handlung** durch Anregungen aus dem Theater geprägt, unbekümmertes Spiel, Leichtigkeit des Seins
  - *Ruhendes Mädchen*, von François Boucher, 1751: Schilderung einer **intimen Situation**, Schwerpunkt auf **erotischer Pose**

Auf einen Blick

Plastik des Barocks

- Plastik dient eingebunden in die Architektur als wichtiger Bestandteil des Gesamtkunstwerks
- Figuren geprägt durch:
  - starken Bewegungsdrang und Dynamik (scheinbare Loslösung von der Schwerkraft)
  - übertrieben wirkende Gestik
  - üppig aufgebauschte, sich z.T. im Formenspiel verselbstständigende Gewänder
- raumgreifende Komposition verbindet sich mit kontrastierendem Licht-Schatten-Spiel der plastischen Form (konvex/konkav)

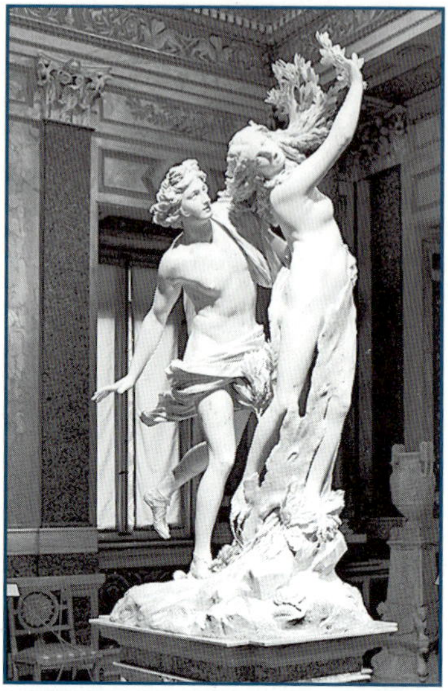

Apollo und Daphne,
von Gian Lorenzo Bernini, 1622–1625

Frühbarock (ca. 1600–1630)

- Gian Lorenzo **Bernini** als über die Grenzen **Italiens** hinaus prägender Bildhauer des Barocks
- wichtige Merkmale der Epoche:
  - **kraftvolle Dynamik**, Moment der Bewegung → beherrschendes Kennzeichen der Epoche
  - raumgreifende Komposition
  - häufig **pathetische Gestik**
  - **starke Licht-Schatten-Effekte**
  - **lebendige Oberfläche** durch besondere Behandlung des Marmors: dramatisch wirkendes Spiel von plastischen Formen bei den Gewändern, reicher **Wechsel von konvex zu konkav**
  - starkes **erzählerisches Moment:** zeitlicher Vorgang wird bildlich vergegenwärtigt
- Beispiel: *Apollo und Daphne*, von Gian Lorenzo Bernini, 1622–1625

Hochbarock (ca. 1630–1680)

Italien

- freistehende Figur wieder in **architektonischen Kontext** eingebunden (Nischenfigur, Brunnenfigur, Platzgestaltung)
- plastische Gestaltungsmöglichkeiten werden bis zu ihren Grenzen ausgelotet, **Umraum als Teil der bildhauerischen Konzeption**, bühnenartige Drapierung der Figuren, z. B. *Verzückung der hl. Therese*, Santa Maria della Vittoria (Rom), von Gian Lorenzo Bernini, 1644–1647: sinnliche Inszenierung einer religiösen Ekstase; Beleuchtung der Szenerie von oben durch ein verborgenes Fenster; Synthese aus Architektur, Plastik, Farbe und realem Licht; Stofflichkeit des Marmors scheinbar aufgehoben

Frankreich

- Aufgaben der Plastik: Reiterdenkmäler, Standfiguren (klassisch-antike Themen), Reliefs zur Raumdekoration
- in hohem Maße Einsatz der Skulpturen zur **Verherrlichung des absoluten Königtums**
- Verharren der **Hofkunst von Ludwig XIV.** in einem starren, kühlen Akademismus eines **antikisierenden Stils** („klassizistischer Barock"), z. B. *Apollon und die Nymphen der Tethys*, Versailles, von François Giradon, 1666–1675: Thematik als Anspielung auf den König, auffallend kühl und distanziert in der szenischen Umsetzung, Dominanz von Ausgeglichenheit und Ruhe in der plastischen Form

Deutschland (ca. 1650–1750)

- **Ende des 17. Jhd.:** Durchsetzung der barocken Plastik, deutliche **Anlehnung an Bernini**, z. B. *Marsyas* (Büste), von Balthasar Permoser, ca. 1680–1685: drastische Schilderung der Qualen, plastisch bewegte Form verdeutlicht innere Dramatik
- Einbeziehung der Betrachter*innen in ein **„theatrum sacrum"** (heiliges Geschehen), z. B. *Himmelfahrt Mariens*, Klosterkirche Rohr, von Egid Quirin Asam, 1717–1722 → Musterbeispiel eines **Gesamtkunstwerks**
- Standbilder (Reiterdenkmäler, Figurengruppen): auch zur Verherrlichung des Herrschers

Spätbarock / Rokoko (ca. 1680–1770)

Frankreich

- **Lockerung der strengen akademischen Regeln** in der Zeit der Regentschaft Ludwigs XV. („Regénce"), Haltung und Ausdruck der Figuren lebendiger, z. B. *Pygmalion und Galatea*, von Étienne-Maurice Falconet, 1763

Deutschland (ca. 1750–1780)

- typisch für das **süddeutsche Rokoko: Eleganz und grazile Haltung, Suggestion von Bewegung** durch übersteigerte Körperhaltung, z. B. *Verkündigungsgruppe*, Stiftskirche Weyarn, von (Franz) Ignaz Günther, 1764
- Herstellung von **Groß- und Kleinplastik** (Porzellanfiguren): reduzierte Körperlichkeit der Figuren im Rokoko (zierlicher), Figuren agieren weniger miteinander, szenischer Kontext tritt zurück, Oberfläche wirkt z. T. auch bei Großplastiken wie **Porzellan**, Dominanz des Ornaments („**Rocaille**" = muschelförmiges Ornament) in der Altarkunst, z. B. *Gnadenaltar*, Vierzehnheiligen, Bad Staffelstein, von Johann Michael Feichtmayr und Johann Jakob Michael Küchel, 1764

Apsis, auch Konche: halbrunde oder polygonale überwölbte Nische, die den Abschluss des → Chores bildet; ursprünglich Standort des Bischofsstuhls, später Ort des Altars

Archivolte: Stirn- und Innenseite eines Rund- oder Spitzbogens (Bogenlaibung)

Arkade: Aneinanderreihung mehrerer Bögen, die von Stützen (Pfeilern, Säulen) getragen werden

ausgeschiedene Vierung: → Vierung, die durch Pfeiler und Bögen abgegrenzt ist

Basilika: sakraler Langbau mit höherem Hauptschiff und niedrigeren Seitenschiffen

Bedeutungsmaßstab: Maßstab, bei dem die Darstellungsgröße die Bedeutung der Figur zeigt

Chiaroscuro: Hell-Dunkel-Malerei mit starken Licht-Schatten-Kontrasten

Chor: Altarraum, häufig halbrund

Codex: ursprünglich ein mit Wachs überzogenes hölzernes Schreibtäfelchen; später Bezeichnung für Bilderhandschriften des Mittelalters

Dienst: Säule, die einer Wand vorgeblendet wird

Empore: tribünenartiger Aufbau in einem Kirchenraum, meist über dem Seitenschiff oder im Hauptschiff über dem Eingang mit arkadenartiger Öffnung zum Hauptschiff

Evangeliar: Buch mit Texten der Evangelien

Fiale: bekrönendes Bauelement, das meist die Strebepfeiler in Form eines schlanken, spitz zulaufenden Türmchens verziert

Figura serpentinata: schraubenförmig gewundene Körperhaltung

Flachrelief, auch Basrelief: → Relief mit geringer Erhebung (geringe Plastizität)

Fresko, Plural Fresken: auf noch frischem und feuchtem Kalk-Putz angefertigte Wand- oder Deckenmalerei

Fries: meist horizontales ornamentales Band zur Dekoration in der Architektur

Galerie (im Sakralbau): Säulengang, der sich über den Seitenschiffen befindet und sich zum Hauptschiff öffnet

Gebärdefigur: Figur, bei der die ausdrucksstarke Gebärdensprache wichtiger als die anatomische Richtigkeit ist

gebundenes System: typisches Konstruktionsschema einer romanischen → Basilika, bei dem das Vierungsquadrat Maß und Proportion des Grundrisses bestimmt

Gewandfigur: Figur, bei der das Gewand den Körper bildet

Gewände: durch schrägen Einschnitt in die Mauer entstehende Fläche bei Fenstern und Portalen, oft stufig abgesetzt und mit Ziersäulen oder Figuren (→ Gewändefigur) geschmückt

Gewändefigur: Figur, die als Schmuck eines → Gewändes dient

Gewölbe: gekrümmt (Wölbung) ausgeführte Eindeckung eines Raumes, meist mit keilförmigen Steinen (Keilstein) oder keilförmig gemauerten Ziegelsteinen über einem Lehrgerüst errichtet

Gurtgesims: bandartiger, horizontal verlaufender Wandvorsprung (Gesims)

Halbrelief, auch Mezzo-Relief: → Relief mit mittlerer Erhebung (mittlere Plastizität), zwischen → Flachrelief und → Hochrelief

Hallenkrypta: → Krypta mit mehreren gleichhohen Schiffen

Hochrelief: → Relief mit starker Erhebung (große Plastizität)

Initiale: betonter Anfangsbuchstabe eines Kapitels

Joch: räumliche Einheit, die durch vier Stützen (Säulen, Pfeiler) gebildet wird

Kanontafeln: liturgischer Gegenstand der kath. Kirche (Altarschmuck); in der Buchmalerei: reich ausgeschmückte Tafeln mit bestimmten Texten

kantonierter Pfeiler: Pfeiler, bei dem Pfeilerkern und → Dienste aus einem Stück gemauert sind

Kapitell: oberer Abschluss einer Stütze (Pfeiler, Säule), der formal und bautechnisch bedingt zwischen Stütze und Last (Balken, Mauerwerk, → Gewölbe) vermittelt

Kolossalordnung: monumentale Stützelemente (Pfeiler, → Pilaster, Säulen), die über mindestens zwei Geschosse gehen und meist einem Bauwerk vorgegliedert sind (Fassade)

Kontrapost: Körperhaltung im Standmotiv, bei dem die gesamte Last auf dem durchgestreckten Standbein und nicht auf dem leicht angewinkelten Spielbein ruht

Krypta: unterirdische Grablege

Laibung: seitliche Mauerfläche einer Tür- oder Fensteröffnung

Lettner: manns- bis fast raumhohe Chorschranke zur Trennung der Laien vom Klerus

Lisene: reliefartig hervortretendes, vertikal verlaufendes Gliederungselement, das im Unterschied zum → Pilaster weder → Kapitell noch Basis hat

Maiestas Domini: Bildmotiv des thronenden Christi

Miniatur: ursprünglich mit Zinnoberrot ausgeführte Kapitelüberschriften und → Initialen in Handschriften; später Bezeichnung für gesamten Bildschmuck in mittelalterlichen Büchern

Obergaden, auch Lichtgaden: Fensterreihe in der Hochschiffwand, die in einer → Basilika zur Beleuchtung des Hauptschiffes notwendig ist

Pendentifkuppel: Kuppel, bei der sphärische Dreiecke/Kugeldreiecke den Übergang zwischen Fußkreis der Kuppel und dem quadratischen Unterbau bilden

Perikopenbuch, auch Evangelistar: Buch mit geordneten Textabschnitten für die Liturgie

Pietà, auch Vesperbild: Darstellung der trauernden Mutter Gottes mit dem Leichnam Christi auf dem Schoß

Pilaster: Bauelement in Form eines Pfeilers, das reliefartig einer Wand vorgelegt wird, jedoch ohne statische Funktion

Ponderation (in der Bildhauerei): Ausgleich der Gewichtung der Volumina zu einer harmonischen Komposition, z. B. → Kontrapost

Psalterium: Buch mit Sammlung biblischer Psalmen

Raumfigur: Figur, die im Raum statt davor agiert

Relief: bildhauerische Darstellungsform, bei der sich ein Motiv aus einem tragenden Hintergrund hervorhebt; Unterscheidung nach Höhe der Erhebung (→ Flachrelief/Basrelief, → Halbrelief/Mezzo-Relief, → Hochrelief)

Rocaille: muschelförmiges Schmuckelement aus C- und S-Schwüngen, das für den französischen und deutschen Spätbarock typisch und namensgebend ist (Rokoko)

Rustizierung: grob behauene Mauersteine mit starken Fugen (raue Wirkung)

Schichtenraum: für die ottonische Buchmalerei typischer streifiger Hintergrund

Sfumato: Malweise, bei der die Umrisse der Gegenstände/Figuren weich zerfließend dargestellt werden, als wären sie von einem schwachen Dunst eingehüllt

Staffelchor: → Chor, bei dem der mittlerer Hauptchor durch kleiner werdende Nebenchöre flankiert wird

Strebewerk: konstruktives und gestalterisches Bauelement aus Strebepfeilern, Bögen und → Fialen

Stundenbuch: Gebet- und Andachtsbuch für das Stundengebet

Stützenwechsel: Schema des Wechsels von Pfeilern (P) und Säulen (S), z. B. sächsischer (S, S, P) oder rheinischer Stützenwechsel (S, P, S, P)

Symbolfarbe: Farbe mit symbolischer Bedeutung, z. B. Gold zur Darstellung des Überirdischen

Tambour: zylindrisches Verbindungselement zwischen Kuppel und Baukörper

Triforium: Laufgang, der sich unterhalb des → Obergadens im Mittelschiff befindet und sich durch → Arkaden (meist Dreifachbögen) zum Mittelschiffsraum hin öffnet

Trumeau: Mittelpfeiler eines Portals

Tympanon: Schmuckfläche im Bogenfeld von Eingangsportalen

Umgangschor: → Chor mit einem eigenen Umgang um den Altarraum, besonders bei Pilgerkirchen

Vierung: Raum, der durch das Zusammentreffen von Lang- und Querhaus entsteht

Volute: schneckenförmig eingerolltes Ornament, z. B. als Schmuck beim ionischen → Kapitell

Westwerk: mehrgeschossiger Bau, der dem östlichen → Chor entgegengesetzt ist

Würfelkapitell: → Kapitell in Form eines Würfels mit abgerundeten Kanten, dient als Überleitung zur zylindrischen Säule

Zentralbau: Bau, dessen Teilräume/Hauptachsen gleichmäßig um einen zentralen Raum angeordnet sind

Zwerggalerie: offener Arkadengang als Zierelement, meist knapp unter dem Dach